이이화
역사 할아버지가 들려주는
인쇄 이야기

파랑새 풍속 여행·8
이이화
역사 할아버지가 들려주는
인쇄 이야기

이이화 원작 | 김진섭 글 | 강희준 그림

1판 1쇄 발행 2014년 2월 10일 **1판 12쇄 발행** 2024년 12월 5일 **만든이** 정중모 **만든곳** 파랑새
사진 청주고인쇄박물관, Steve46814(Wikipedia), Kowloonese(Wikipedia), Lauren Heckler, 한국학중앙연구원
등록 1988년 1월 21일(제406-2000-000202호) **주소** 경기도 파주시 회동길 152
전화 031-955-0670 **팩스** 031-955-0661 **홈페이지** www.bbchild.co.kr **메일** bbchild@yolimwon.com
ISBN 978-89-6155-427-5 74380, 978-89-6155-220-2(세트)

ⓒ이이화, 2014

* 책값은 뒤표지에 있습니다.
* 저자와의 협의에 의해 인지를 생략합니다.
* 저작자와 출판사의 허락 없이 이 책의 일부 또는 전체를 인용하거나 발췌하는 것을 금합니다.

어린이제품안전특별법에 의한 제품 표시
제조자명 파랑새 | 제조년월 2024년 12월 | 제조국 대한민국 | 사용연령 8세 이상

이이화
역사 할아버지가 들려주는
인쇄 이야기

이이화 원작 | 김진섭 글 | 강희준 그림

파랑새

머리말 / 어린이에게 보내는 편지

나무판으로 찍고, 금속으로 찍고
세계에서 으뜸가는 우리 인쇄 기술

 예전에 살았던 방정환 선생님은 어린이를 끔찍하게도 아끼셨습니다. 선생님은 어린이의 말동무가 되어 주었고, 어린이들에게 옛적 이야기도 많이 들려주었습니다. 방정환 선생님은 옛적 이야기를 할 때 말투와 몸짓이 너무나 정열적이어서 어린이들이 때로는 까르르 웃고 때로는 슬퍼서 울었다고 합니다.
 어린이는 마음이 순수해서 감동을 자주 하고 동정심도 많습니다. 그런 탓에 남의 얘기를 곧이곧대로 믿고 받아들입니다. 또 장난꾸러기가 되어 말썽을 부리거나 동무들을 놀리기 좋아하고, 호기심이 많아 무슨 물건이든지 보면 이모저모로 따져 보려 듭니다.
 이 책을 지은 할아버지도 방정환 선생님을 본받아 어린이를 아끼고 귀여워하는 마음씨를 가지고 있어요. 어릴 때에는 여러 어린이들처럼 개구쟁이 짓도 많이 했으며 옛날 얘기를 듣는 것도 좋아했습니다. 지금 할아버지가 되었어도 그때 어른들이 들려주었던 이야기들을 잊지 않고 있습니다. 지금도 그 시절이 그립습니다.

이 책에는 인쇄 이야기를 담았습니다. 인류는 까마득한 시절부터 문명을 발전시키면서 문자를 사용해 의사를 표현했습니다. 문자로 이루어진 게 책입니다. 처음 문서나 책을 만들 때에는 손으로 글씨를 썼습니다. 하지만 너무 불편했고, 그래서 인쇄술이 발명되었지요.

인쇄를 하면 문서나 책을 대량으로 찍어 낼 수 있습니다. 처음에는 나무판으로 찍기도 하고 다음에는 금속으로 찍기도 했어요. 우리나라는 이 두 가지 방법을 적절하게 이용했습니다. 특히 우리 겨레는 세계 최초로 금속 활자를 발명했습니다. 그래서 수많은 책을 찍어 보존했는데 세계 문화유산으로 등재된 《팔만대장경》과 《조선왕조실록》이 그 보기가 됩니다.

이 책에서 인쇄의 역사와 방법을 알아보며 현재와 미래에 더욱 편리하게 발전된 인쇄 문화를 창조하는 지혜를 얻고, 역사 공부에도 도움을 받기를 바랍니다.

통일로 가는 길가에 있는 헤이리에서
이 책을 지은 이이화 할아버지가 씁니다.

차례

첫째 마당 인쇄술, 그 이전
문자가 만들어지기 전 10   생각과 말을 전달하기 좋은 문자 12
식물의 줄기를 이어 붙인 파피루스 종이 14   가볍고 실용적인 종이의 발명 16
불 끄고 듣는 이야기 _ 우리나라 고유의 종이 한지 18

둘째 마당 선비의 네 친구, 문방사우
동물 털을 달아 만드는 붓 22   아름다운 무늬의 벼루 24
구석기 시대부터 쓰인 먹 26
불 끄고 듣는 이야기 _ 먹은 어떻게 만들까? 28

셋째 마당 필사와 탁본, 그리고 목판
나무에도 베끼고 종이에도 베끼고 34   비석과 도장도 인쇄다? 36
탁탁 두드리는 탁본과 목판 인쇄 38   인쇄술은 왜 발달하게 되었나? 40
불 끄고 듣는 이야기 _ 도장은 반대로, 비석은 똑바로? 42

넷째 마당 가장 오래된 목판 인쇄본
석가탑에 잠들어 있던 문서 46   일본까지 전해진 우리의 목판 인쇄술 48
자랑스러운 우리의 《무구 정광 대다라니경》 52
불 끄고 듣는 이야기 ① _ 《무구 정광 대다라니경》을 빼앗으려고? 54
불 끄고 듣는 이야기 ② _ 책이 만들어진 때를 알아내는 방법 58

다섯째 마당 고려의 《팔만대장경》

책 수입국에서 수출국으로 62   부처의 가호를 비는 대장경 64
16년 만에 완성한 팔만 개의 경판 68   《팔만대장경》에 얽힌 이야기 72
불 끄고 듣는 이야기 ①_ 불타지 않은 《팔만대장경》 76
불 끄고 듣는 이야기 ②_ 《팔만대장경》이 보물인 이유 80

여섯째 마당 가장 오래된 활판 인쇄본

활판 인쇄에 대한 첫 기록, 《고금상정예문》 86   주화에 새기던 글자를 활자로 88
세계가 인정한 《직지심체요절》 90
불 끄고 듣는 이야기 _ 금속 활자에 대한 오래된 이야기 92

일곱째 마당 인쇄술의 발달

공부하게 책 좀 주시오 96   인쇄를 전문으로 하는 주자소 98
활판 인쇄술로 역사서를 줄줄이 100
불 끄고 듣는 이야기 _ 인쇄 기술자는 특별해 102

여덟째 마당 전쟁을 딛고 일어선 조선의 인쇄술

때때로 책을 찍어 내다 108   전쟁 통에 잃어버린 아까운 활자들 110
불 끄고 듣는 이야기 _ 민간인들이 소설책을 찍어 팔다 114

아홉째 마당 까다로운 활판 인쇄

밀랍으로 판을 짜는 방법 118   한층 발전된 짜 맞추기 방법 121
인쇄는 결코 만만하지 않아 123
불 끄고 듣는 이야기 _ 목활자본과 금속 활자본의 차이 126

첫째 마당

인쇄술, 그 이전

문자가 만들어지기 전	10
생각과 말을 전달하기 좋은 문자	12
식물의 줄기를 이어 붙인 파피루스 종이	14
가볍고 실용적인 종이의 발명	16
[불 끄고 듣는 이야기] 우리나라 고유의 종이 한지	18

문자가 만들어지기 전

문자도 없고 종이도 없던 아주 먼 옛날, 사람들은 소리나 몸짓으로 자신의 생각이나 뜻을 다른 사람에게 전했어요. 위험한 짐승이 나타나거나 사냥을 나갈 때, 특정한 소리를 내거나 몸짓을 하여 의사소통을 했지요.

이후 사람들은 직접 만날 수 없는 후손에게 무언가를 전달하고 싶을 때는 그림을 그렸어요. 나무나 바위 등 쉽게 변화가 일어나지 않는 장소에 그림을 그려 넣음으로써 시간이 지나도 볼 수 있도록 했지요.

우리나라 울산 대곡리에 있는 '반구대'라는 바위 절벽에는 사람 얼굴을 비롯해 배, 그물, 작살, 방패 등의 생활 도구와 개, 멧돼지, 호랑이, 사슴, 고래, 물개, 거북 등의 동물과 물고기 그림이 200여 점이나 새겨져 있어요. 이 벽화는 대체로 신석기 시대나 청동기 시대쯤 그려졌다고 하지요.

벽화의 그림들은 무엇을 뜻할까요? 어떤 사람은 그곳이 신에게 제물을 바치던 곳이라고 하고, 또 어떤 사람은 신이 내려오는 신성한 터를 표시

해 둔 것이라고도 해요. 하지만 동물과 물고기, 그리고 그것들을 잡는 도구가 가장 많이 그려진 것으로 보아, 사냥과 고기잡이를 가르치기 위해 그린 것으로 보는 게 가장 정확할 거예요.

　울산 천전리에 있는 바위그림에서는 동심원, 조개 모양 등의 기하학적인 문양이 눈에 띄어요. 이러한 그림은 고대 사람들이 자신의 소망이나 생각을 표현한 것일 수도 있고, 중국으로부터 한자가 들어오기 전에 사용하던 그림 기호일 수도 있어요. 이처럼 문자가 발명되기 이전에는 그림으로 자기 생각을 남에게 전달했답니다.

생각과 말을 전달하기 좋은 문자

그림 기호는 시간이 지나면서 점차 다듬어져서 문자로 발달했어요. 입에서 뱉어지면 이내 사라져 버리는 말과 달리, 문자를 이용하면 먼 곳에 있는 사람에게도 소식을 정확하게 전달할 수 있었어요. 후손들에게 지식을 전할 수도 있었지요.

1899년, 중국 허난성의 은허 지역에서 거북이 등껍질에 글자가 새겨진 유물이 발견되었어요. 이 글자를 갑골 문자라고 해요. 은허는 기원전 1600년부터 1046년까지 존재했던 중국 고대 왕조 상나라의 수도였던 곳이지요. 당시 사람들은 점을 치기 위해 거북이 등껍질에 글자를 새겼어요. 여기에는 점을 치며 복을 빌던 내용 외에도 정치, 경

갑골 문자
고대 중국인들은 거북이 등껍질이나 짐승의 뼈에 글자를 새겨 기록했어요.

제, 사회, 문화 등 당시 사회의 모습을 알 수 있는 다양한 내용이 기록되어 있지요.

갑골 문자는 오늘날 남아 있는, 한자의 가장 오래된 형태예요. 우리 눈에는 알쏭달쏭한 그림처럼 보이지만 당시 사람들에게는 엄연한 글자였지요. 이러한 글자는 거북이 등껍질뿐만 아니라 소나 돼지의 뼈에서도 많이 발견돼요.

기원전 3000년경부터 약 3천 년간 메소포타미아 지역에 살던 수메르 인들은

쐐기 문자
고대 수메르 인들은 점토판에 쐐기 문자를 새겨 뜻을 전했어요.

쐐기 문자를 발명해 썼어요. 쐐기 문자는 설형 문자라고도 해요.

수메르 인들은 주로 말린 점토판 위에 갈대나 금속 막대 등 뾰족한 도구로 문자를 썼어요. 이때 새겨진 선이 쐐기처럼 생겼다고 해서 쐐기 문자라고 하게 되었지요. 이들이 남긴 쐐기 문자 점토판은 현재까지 무려 40만 점이 넘게 발견되었어요.

쐐기 문자가 새겨진 점토판 역시 고대 중국의 갑골 문자와 마찬가지로, 당시 사람들의 생활과 사회 모습을 나타내요. 고대 문자를 통해 오늘날 우리는 당시 사람들이 어떻게 살았는지 짐작할 수 있답니다.

식물의 줄기를 이어 붙인 파피루스 종이

기원전 2400년경, 이집트에서 무거운 점토판과 돌판 대신 파피루스(papyrus)의 줄기를 엮어서 만든 파피루스 종이가 사용되기 시작했어요. 파피루스는 이집트의 나일 강 유역에 서식하는 여러해살이풀로, 길이가 1~2미터에서 크게는 4~5미터까지 자라요. 당시 이집트 인들은 파피루스를 땔감으로 쓰기도 하고, 신발이나 바구니를 만드는 재료로 쓰기도 했어요. 질긴 줄기를 이용해 배의 돛을 만들기도 했지요. 이집트 인들은 이처럼 쓰임새가 많은 파피루스를 이용해 종이를 만들어 냈어요.

파피루스 종이를 만드는 과정은 다음과 같아요. 먼저 파피루스 줄기를 40센티미터 간격으로 잘라 껍질을 벗겨요. 그런 뒤 속줄기를 물에 불렸다가 잘게 쪼개어, 가로세로로 겹치도록 엮어요. 이를 평평한 판에 놓고 나무망치로 두드리며 납작하게 만들어서 물기를 완전히 말리면 파피루스 종이가 완성된답니다.

파피루스로 만든 종이는 주로 종교의 교리를 기록하는 데 쓰였어요. 더 많은 양의 문서를 만들기 위해 파피루스 종이를 여러 장 이어서 두루마리로 만들기도 했지요. 파피루스 껍질로는 표지나 포장지를 만들었어요.

이집트 인들이 만든 파피루스 종이는 오늘날 종이를 뜻하는 영어 단어 '페이퍼(paper)'의 어원이 되었어요. 파피루스 종이는 지중해안을 따라 유럽으로 전해지면서 이집트의 중요한 수출품이 되었지요. 파피루스 종이로 인해 문서가 널리 쓰이게 되었답니다.

파피루스 종이 만드는 법

① 파피루스 줄기를 잘라 껍질을 벗겨요.

② 속줄기를 물에 불렸다가 잘게 쪼개 가로세로로 엮어요.

③ 평평한 판에 놓고 나무망치로 두드려 납작하게 만들어요.

④ 완전 건조시키면 종이 완성!

가볍고 실용적인 종이의 발명

기원전 3세기경, 중국 진나라의 시황제는 한 가지 고민이 있었어요. 각 지방에서 보내 온 보고서를 살펴보기가 너무 힘들다는 점이었어요. 대나무에 쓴 보고서들은 무게가 무려 60킬로그램이나 되었거든요.

이러한 어려움을 해결하기 위해 비단을 문서로 사용해 보았어요. 하지만 누에고치가 뽑아낸 실로 만드는 비단은 무척 비싸서 비용이 많이 든다는 단점이 있었어요.

그래서 사람들은 보다 가볍고, 보다 오랫동안 글자를 보존할 수 있는 도

후한 시대 채륜의

① 나무껍질, 헌 헝겊 등 재료를 채집해요.

② 재료들을 잘게 자르고 물에 삶아요.

③ 삶은 반죽을 체로 걸러 얇게 펴서 말려요.

구를 생각해 냈어요. 그것이 바로 종이였어요. 그 옛날에 종이를 어떻게 만들었냐고요?

먼저 대마나 뽕나무를 비롯한 여러 가지 식물의 섬유와 이끼, 해초 등을 찧어 물에 담근 다음 잿물에 삶았어요. 그리고 그릇에 담아 방망이로 두드린 다음 손으로 반죽을 했지요. 이 섬유를 물에 풀어 체로 얇게 떠내서 말리면 종이가 완성되었어요.

이전까지는 후한 시대의 채륜이 종이를 발명한 것으로 알려져 왔어요. 그런데 1986년 천수와 1990년 둔황 근처 등에서 문자가 쓰인 종잇조각이 새로이 발견됐어요. 이 종잇조각들은 채륜이 살았던 때로부터 300년도 더 전에 만들어진 것이었지요. 이로써 채륜은 종이의 발명자가 아닌, 종이가 널리 사용되도록 퍼뜨린 사람이란 게 밝혀졌답니다.

④ 서늘한 곳에서 물기를 완전히 말려요.

⑤ 납작하게 눌러 평평하게 모양을 잡아요.

⑥ 종이 완성!

종이 만드는 법

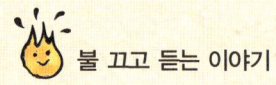 불 끄고 듣는 이야기

우리나라 고유의 종이 한지

　중국에서 발명된 종이는 기원전 108~107년에 한나라가 위만 조선을 멸하고 그 땅에 한사군을 설치하면서 우리나라로 전해졌다는 견해가 많단다. 정확한 기록은 없지만, 당시 중국에서는 일반적으로 종이 문서를 썼다고 해. 그러니 한사군에 파견된 관리들도 자연히 종이를 사용했겠지?

　삼국 시대에 이르면 비로소 종이를 썼다는 기록이 나온단다. 어느 스님이 불경을 베끼기 위해 종이를 만들었다는 이야기도 있고, 고구려의 먹 기술이 중국으로 건너갔다는 이야기도 있지. 먹은 종이가 없으면 별로 필요가 없는 물건이니, 삼국 시대에 먹이 있었다면 틀림없이 종이도 있었을 게야. 고구려의 승려 담징은 종이 기술을 일본에 전해 주었다고 하지 않니?

　우리나라 고유의 종이는 한지란다. 한지의 원료는 우리나라 어디에서나 잘 자라는 닥나무이지. 닥나무의 껍질은 뽕나무처럼 질기면서도 아주 부드러워. 겨울철에 닥나무 가지를 베어서 솥에 찐 뒤, 껍질을 벗겨서 말리면 한지가 만들어진단다.

　한지를 만들려면 많은 정성과 노력을 쏟아야 해. 닥나무 가지의 껍질을 다루고, 종이 두께를 고르고, 물기를 빼고, 또 다듬는 것까지 온갖 정성이 들어가지. 어떤 사람들은 한지를 만드는 데에 손길이 99번이나 간다고도 이야기하던걸.

　이렇게 만들어진 한지는 품질이 매우 뛰어나서 오랫동안 보관할 수 있어. 통일 신라 시대인 700년대에 한지로 만들어진 《무구 정광 대다라니경》이 오늘날까지 보존되고 있는 걸 보렴. 명나라의 화가 동기창은 이렇게 말했어.

　"조선의 종이는 두껍고 질기며 희고 매끈하여 서예와 회화에 아주 적격이다."

　이만하면 우리나라 고유의 종이인 한지가 얼마나 뛰어난지 잘 알겠지?

둘째 마당

선비의 네 친구, 문방사우

동물 털을 달아 만드는 붓	22
아름다운 무늬의 벼루	24
구석기 시대부터 쓰인 먹	26
[불 끄고 듣는 이야기] 먹은 어떻게 만들었을까?	28

동물 털을 달아 만드는 붓

우리나라에서 붓을 언제부터 썼는지는 정확히 알 수 없어요. 하지만 삼국 시대부터 종이가 쓰였으니, 붓도 비슷한 시기에 쓰이지 않았을까요? 아마도 중국에서 종이가 들어올 때 붓도 같이 들어왔을 거예요.

붓을 처음 만든 사람은 중국 진나라의 몽염이라고 알려져 있어요. 《박물지》, 《태평어람》 등의 중국 고서를 보면 '몽염조필(蒙恬造筆)'이라는 한자성어를 찾아볼 수 있다고 해요. 이 말은 '몽염이 붓을 만들었다.'라는 뜻이지요. 몽염은 사슴털과 양털로 붓촉을 만들고, 나무로 붓대를 만들었다고 하는데, 그 이후 몽염 이전부터 붓이 쓰였다는 게 밝혀졌어요.

우리나라에서는 일제 강점기였던 1932년, 평양 일대에서 붓대 유물이 발견됐어요. 이 붓대는 길이가 2.9센티미터에 굵기가

털 조금만 줘!

0.4센티미터예요. 붓촉은 이미 사라진 뒤라 붓의 종류를 알 수는 없었지요. 이 붓대 유물이 우리나라에서 출토된 가장 오래된 붓이랍니다.

경남 창원시의 다호리 고분에서는 붓 다섯 자루가 발견되었어요. 이 붓들은 까맣게 옻칠을 한 붓대의 양쪽에 붓털이 달린 특이한 모양인데, 붓털은 삭아 없어지고 붓대만 남아 있었지요. 글씨를 썼던 것인지 아니면 함께 나온 그릇에 옻칠을 하던 붓인지 알 수 없지만, 이를 통해 삼국 시대 이전에도 붓이 있었음을 알 수 있답니다.

붓촉으로 사용되는 털은 매우 다양해요. 양, 족제비, 말, 산토끼, 고양이, 오소리, 소, 돼지, 개, 청솔모, 새, 여우, 이리, 호랑이 등의 털과, 쥐 수염, 사람 머리카락도 있지요. 태모 붓이라 하여 갓난아이의 머리카락을 쓰기도 해요. 산토끼의 털과 족제비의 꼬리털, 노루의 겨드랑이 털로 만든 붓은 최고급품으로 친답니다.

아름다운 무늬의 벼루

 벼루는 먹을 가는 도구예요. 벼루를 한자어로 연(硯)이라고 하지요. 일본 나라현의 가시하라 고고학연구소 부속 박물관에는 우리나라의 가장 오래된 벼루인 '백제 삼채 원면연'이 보관되어 있어요. 우리나라의 국립중앙박물관에는 삼국 시대에서 통일 신라 시대에 만들어진 것으로 추측되는 '원형다족연(다리가 여럿 달린 둥근 벼루)'이 있고, 이화여자대학교 박물관에는 가야 시대에 만들어진 '원형도연(유약을 발라 구워 만든 둥근 벼루)', 국립부여박물관에는 백제 시대에 만들어진 돌벼루가 있지요.

 오늘날 남아 있는 가장 오래된 벼루는 중국 고대 진시황 30년에 만들어졌어요. 그때가 기원전 200~300년경이니, 중국은 적어도 2,200여 년 전부터 벼루를 사용해 온 것이지요. 우리나라는 중국보다 200년 정도 늦었다고 볼 수 있답니다.

 우리나라 고유의 벼루를 통틀어 '해동연'이라 불러요. '해동(海東)'은 우리나라를 뜻해요. 해동연은 중국의 대표 벼루인 '단계연'에 버금갈 정도로 품질이 뛰어나요. 단계연은 단계 지역에서 생산하는 벼룻돌이라고 해서 붙여진 이름이지요.

우리나라는 전국 각지에서 벼룻돌을 생산하는데, 주로 충남 보령과 대천에서 나오는 남포석을 많이 사용해요. 남포석은 입자가 매우 고운 진흙이 오랜 시간 동안 압력을 받아 만들어진 돌로, 숫돌처럼 생겼어요.

벼루는 천연석 외에도 도자기, 옥, 수정, 상아, 동, 철, 은, 대나무, 기왓장 등으로도 만들어요. 또 돌가루를 구워 만든 석말연, 고운 진흙을 쪄서 만든 징니연도 있지요. 옛날 선비들은 벼루를 필기도구로 사용했을 뿐 아니라, 돌의 아름다운 무늬를 감상하기도 했답니다.

중국 송나라 시대의 돌벼루들
중국에서 벼루는 당나라 때부터 사용하기 시작해서, 송나라 때에 널리 쓰였어요.

구석기 시대부터 쓰인 먹

구석기 시대부터 사람들은 물감을 사용했어요. 주로 숯, 검댕, 광물 등으로 물감을 만들었는데, 그 당시 그려진 벽화를 보면 알 수 있지요. 중국에서는 옻나무 진에 녹슨 철을 섞어서 대나무 조각 끝에 묻혀 글자를 쓰기도 했어요.

옛사람들은 오랫동안 좋은 물감을 만들기 위해 고심했어요. 그중 한 가지로, 불을 피울 때 나오는 검댕을 모아서 기름과 물에 개어 먹을 만들어 냈지요. 어찌된 일인지 이 먹은 영어로 '인도 잉크(India ink)'라고 불린답니다.

사실 먹은 한나라 이전부터 사용되었어요. 은나라 유물 중에는 글자가 쓰인 거북이 등껍질이나 짐승 뼈가 있지요. 이는 곧 기원전 10세기경에도 먹이 사용되었다는 뜻이에요.

기원전 2~3세기에 만들어진 책에서도 먹에 대한 기록이 발견되었어요. 이때 사용한 먹은 흑연으로 만들었다고 추측돼요. 지금처럼 검댕으로 먹을 만든 것은 훨씬 뒷시기였다고 합니다.

우리나라에서 언제부터 먹이 쓰였는지 정확한 기록은 남아 있지 않지

만, 현재 남아 있는 고서 대부분이 먹으로 쓰인 걸 보면 먹의 역사가 아주 오래되었다는 걸 알 수 있어요. 고대 일본의 보물 창고인 쇼쇼인에는 신라 시대에 만들어진 먹 두 점이 지금까지 남아 있어요. 둘 다 배 모양으로 생겼는데, 먹 위에 각각 '신라양가상묵(新羅楊家上墨)'과 '신라무가상묵(新羅武家上墨)'이란 글씨가 돋을새김되어 있어, 신라 시대에 양가와 무가 집안에서 좋은 먹을 생산했다는 것을 알 수 있답니다.

또한 원나라 시대의 《철경록》에는 고구려에서 당나라에 솔먹(소나무를 태운 그을음으로 만든 먹)을 보냈다는 기록이 있어요. 고구려 고분에서는 먹으로 쓴 글씨가 발견되기도 했지요. 삼국 시대에 이미 좋은 먹이 생산되어 널리 퍼졌다는 증거이겠지요? 이 시기의 먹은 이후 고려와 조선 시대에 더 뛰어난 먹을 만들 수 있게 해 준 바탕이 되었어요. 양덕과 해주의 먹은 품질이 좋기로 유명해서 사대부들이 너나없이 구하려고 했다지요.

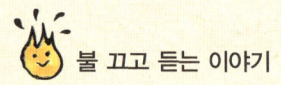 불 끄고 듣는 이야기

먹은 어떻게 만들까?

 '문방사우(文房四友)'라는 말 들어 봤니? 이 말은 '문방의 네 친구'라는 뜻이야. 문방은 요샛말로 하면 서재나 공부방쯤 되겠지. 공부방의 네 친구는 바로 먹, 벼루, 붓, 종이란다. 요즘이야 좋은 공책도 많고 펜, 샤프, 연필 등 필기도구도 다양하니 얼마나 편하니? 하지만 옛날에는 이런 물건들이 무척 귀했어. 그래서 옛날 선비들은 문방사우를 '문방사보(文房四寶)'라고도 불렀단다. 문방의 네 가지 보물이라는 뜻으로 말이야.

 오늘날에 비유하면 종이는 공책쯤 되고, 붓은 연필이나 펜이라고 할 수 있을 거야. 그럼 먹과 벼루는 도대체 무엇일까? 바로 잉크란다.

 먹은 대개 길쭉한 사각형 모양이야. 벼루에 물을 붓고 거기에 먹을 부드럽게 문질러서 오랫동안 갈면, 단단하던 먹이 닳으면서 부드러운 먹물이 만들어지지. 먹을 얼마나 정성스럽게 갈았는가에 따라 글씨가 짙어질 수도 있고 옅어질 수도 있어. 그래서 옛날 선비들은 먹을 가는 일을 무척 중요하게 여겼다고 해. 한마디로 말해서 먹은 잉크를 단단하게 굳힌 덩어

리라 이 말씀이지.

 그럼 먹을 어떻게 만들었을까? 처음에는 물론 자연에서 나는 재료를 그대로 쓰는 경우가 많았어. 석묵이 바로 그런 경우이지. 석묵은 오늘날 연필심으로 쓰는 흑연을 말한단다. 흑연은 질이 나쁘고 흐려서 글씨가 잘 써지지 않았기 때문에, 차츰 더 뛰어난 재료로 먹을 만들어 쓰게 되었어.

 먹을 만들기 위해서는 먼저 그을음을 잔뜩 얻어야 해. 그을음은 불을 피우면 불꽃 끝에서 검게 피어오르는 것을 말해. 요즘은 전기를 많이 쓰기 때문에 그을음을 볼 기회가 별로 없을 거야. 옛날 집들은 아궁이가 있었기 때문에 굴뚝에 그을음이 붙는 걸 많이 볼 수 있었어.

🔥 불 끄고 듣는 이야기

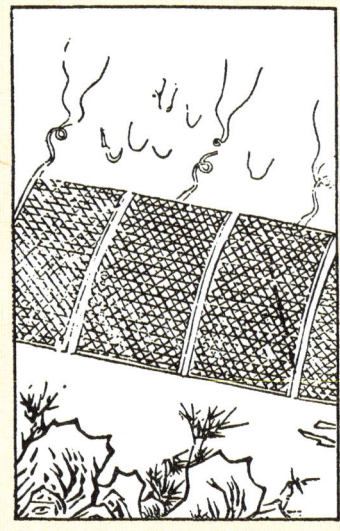

솔먹을 만드는 과정
한쪽에서는 소나무를 태우고, 다른 쪽에서 그을음을 모아요.

아무튼 이러한 그을음을 긁어모아서 아교풀을 섞어 반죽을 한단다. 아교풀은 짐승의 가죽이나 힘줄 같은 것을 고아서 끈끈하게 만든 거야. 그렇게 만든 반죽을 네모난 틀에 넣고 단단하게 굳히면 먹이 되지. 이때 어떤 재료를 태워 만든 그을음을 썼는지, 어느 위치에 붙은 그을음을 썼는지, 어떤 아교풀을 섞었는지 등에 따라서 먹의 종류와 품질이 달라져.

앞에서 이야기한 솔먹은 소나무를 태워서 생긴 그을음으로 만든 먹이야. 송진이라고 부르는 소나무 진액이 불에 아주 잘 타고 그을음을 많이 만들어 내거든. 이때까지만 해도 솔먹은 최고의 먹이었지.

그런데 솔먹보다 더 좋은 먹이 나타났어. 바로 기름먹이야. 기름먹은 기름을 태워서 나온 그을음으로 만든 먹인데, 솔먹에 비해 색이 진하고 윤기가 흘러서 점점 많은 사람이 쓰게 되었어. 오늘날 좋은 먹이라 하면 기름먹을 말하지, 솔먹은 쳐주지 않는단다.

유동이라는 나무의 열매에서 뽑아낸 기름을 이용해 먹을 만들기도 해. 이 기름을 동유라고 하고, 동유를 태운 그을음으로 만든 먹을 동연묵 또는 동화묵라고 해. 먹이 단단하고 광택이 나서, 이를 사용해 쓴 글씨에서도 깨끗하고 은은한 광택이 난단다.

셋째 마당

필사와 탁본, 그리고 목판

나무에도 베끼고 종이에도 베끼고	34
비석과 도장도 인쇄다?	36
탁탁 두드리는 탁본과 목판 인쇄	38
인쇄술은 왜 발달하게 되었나?	40
[불 끄고 듣는 이야기] 도장은 반대로, 비석은 똑바로?	42

나무에도 베끼고 종이에도 베끼고

인류가 문자를 사용하기 시작한 때부터 인쇄술이 발명되기까지는 오랜 시간이 걸렸어요. 아주 먼 옛날에는 동굴이나 무덤 따위의 벽이나 점토판에 글이나 그림을 새겨 넣었어요. 이후 제대로 된 종이가 나오기 전까지 사람들은 나무판이나 대나무 조각을 문서로 사용했어요. 이것을 '간독'이라 하지요. 나무판으로 된 것은 '목간', 대나무 조각을 엮은 것은 '죽간'이라 하여 구분하기도 했어요. 성인들의 지혜가 담긴 고전을 비롯해, 행정 문서, 장부 등 수많은 문서가 나무에 기록되었지요.

간독은 먹으로 글씨를 쓰고 칼로 깎아서 지워야 했어요. 내용이 긴 것은 천으로 아래위를 엮어 둘둘 말았는데, 이것을 '책'이라고 불렀어요. 간독은 종이가 발명된 뒤인 3세기경까지 사용되었지요.

　　인쇄술이 나오기 전에는 나무나 종이에 사람이 직접 손으로 써서 문서를 만들었어요. 문서가 훼손돼서 새로 써야 하거나 똑같은 책을 여러 권 만들어야 할 때에도 모두 손으로 했어요. 중국의 고서 《논어》도 처음에 공자의 제자가 공자의 말씀을 듣고 정리하여 책으로 쓴 것을 다른 사람이 똑같이 베껴 만들면서 전파됐지요. 이처럼 똑같이 베껴 쓰는 것을 '필사'라고 해요. 인쇄술이 발명되기 전, 그리고 인쇄술이 발명된 뒤에도 한동안은 필사를 통해 책이 세상에 널리 배포되었지요.

　　이러한 필사본은 원본과 완벽하게 똑같을 수가 없었어요. 베끼는 사람이 글자를 틀리게 쓸 수 있거든요. 1차, 2차, 3차에 걸쳐 필사가 이루어지다 보면 맨 나중에 베껴진 필사본은 원본과 아주 많이 달라질 수도 있었어요. 하지만 원본과 비교해 보지 않는 이상은 필사본이 틀렸다는 사실조차 알 수 없었지요.

비석과 도장도 인쇄다?

학자들은 필사로는 더 이상 안 되겠다고 생각했어요. 베끼다가 실수하여 잘못된 지식을 전달할 수 있기 때문이지요. 아무래도 오랫동안 변하지 않는 책이 필요했어요.

그리하여 175년, 후한의 채옹이 황제의 명을 받아 돌을 잘 쪼는 사람을 불렀어요. 그리고 《시경》, 《서경》, 《예기》, 《공양》, 《역경》, 《춘추》, 《논어》 등 유교의 일곱 가지 경전 내용을 비석에 새기게 했지요.

채옹은 이렇게 완성된 석경을, 당시 최고의 교육기관인 태학의 문 앞에 세워 모두가 볼 수 있게 했어요. 이것을 '희평 석경'이라고 불러요. 사람들은 희평 석경을 기준으로 자신이 읽은 필사본이 맞는지 틀렸는지 비교할 수 있었지요. 불교에서는 산둥 성의 타이산 산에 세워져 있는 《대반야바라밀다경》의 석경, 허베이 성과 팡산 윈쥐사에 세워진 석경이 유명하답니다.

문양 같은 모양의 붉은 글씨가 찍힌 종잇조각을 본 적이 있나요? 이것은 잡귀나 재앙을 쫓기 위한 부적이에요. 부적은 대개 나무를 파서 도장을 만들어 찍어요. 오늘날에도 많이 볼 수 있는 도장 또한 인쇄술이 등장하기 전에 같은 문서를 여러 장 만들기 위해 생겨난 도구예요. 도장은 부적을 만들 때 가장 많이 사용되었는데, 도장 덕분에 똑같은 부적을 여러 사람에게 나눠 줄 수 있었지요.

기름종이를 이용하는 방법도 있었어요. 이것은 불교에서 부처 그림을 그릴 때 주로 사용하던 방법으로, 먼저 기름종이에 그림을 그리고 그 선을 따라 바늘구멍을 촘촘하게 내요. 그런 뒤, 그림을 그리려는 본 종이 위에 기름종이를 대고 먹으로 문질러요. 그러면 먹이 바늘구멍을 통과해 본 종이에 묻게 되지요. 그림 본 종이에 점선으로 된 밑그림이 그려지지요. 이러한 방법으로 하나의 기름종이를 사용해 여러 종이에 똑같은 그림을 그릴 수 있었답니다.

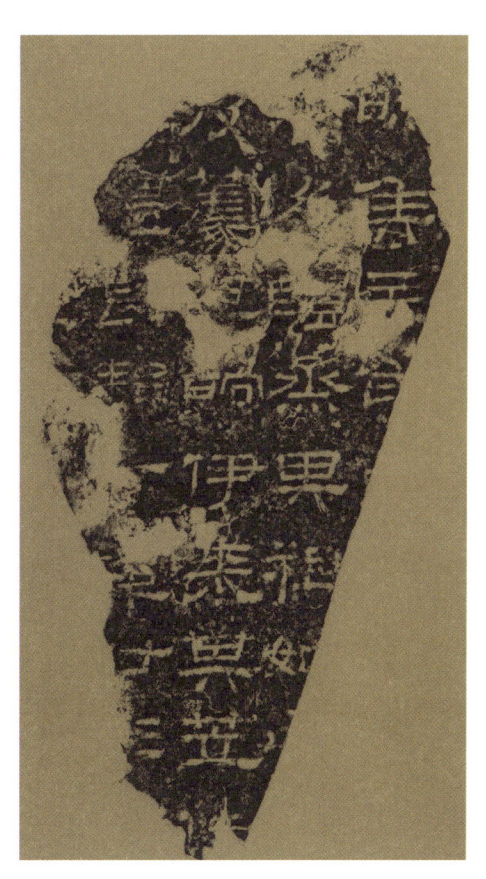

희평 석경 일부를 탁본한 모습
인쇄술이 생겨나기 전에는 필사로 인한 오류를 막기 위해 석경을 세워 원본을 확인할 수 있게 했어요.

탁탁 두드리는 탁본과 목판 인쇄

중세 시대에 인쇄술이 가장 필요한 분야는 어디였을까요? 바로 교리를 널리 퍼뜨려야 하는 종교였어요.

유교에서는 주로 석경을 만들었고, 불교에서는 부처의 상을 나무에 새기기도 했어요. 큰 돌이나 나무를 깨고 갈고 쪼아 가며 글자를 새기는 일은 무척 힘들었어요. 게다가 돌과 나무는 부피와 무게가 많이 나가기 때문에 많은 내용을 전파할 수 없었지요.

그래서 처음에는 종이와 먹을 이용해 비석을 탁본했어요. 글자가 새겨진 비석 위에 종이를 덮고 먹을 묻힌 솜뭉치로 두드리면, 글자가 새겨진 곳만 빼고 먹이 묻어났지요.

탁본 방법에 착안하여 나무를 사용하는 목판 인쇄술이 등장했어요. 목판은 비석처럼 글자를 파서 새기는 오목새김을 하지 않고, 글자가 볼록 튀어나오도록 돋을새김을 해요. 목판에 먹을 묻힌 뒤 종이를 대고 밀면 글자가 찍히지요. 여기서 주의할 점은 목판에 글자를 새길 때 좌우가 반대로 되게 해야 한다는 거예요. 그렇게 하지 않으면 종이에 글자가 반대로 찍혀 나오거든요.

목판 인쇄가 처음 이루어진 시기는 중국 문명이 가장 발달했던 8세기경으로 보여요. 그뒤 개량을 거듭해 꾸준히 발전을 했지요.

목판 인쇄술이 처음 발명된 곳은 어디일까요? 중국, 일본, 아니면 우리나라일까요? 여러 의견이 있지만 한 가지 확실한 것은, 세계에서 가장 오래된 목판 인쇄물은 700년대에 신라에서 발행된 《무구 정광 대다라니경》이라는 거예요.

글자의 좌우가 반대로 새겨진 목판

인쇄술은 왜 발달하게 되었나?

인쇄술은 왜 발명되고 또 발달하게 되었을까요? 사람들은 무엇을 위해 인쇄를 하게 되었을까요?

누구나 가슴속에 자기가 바라는 소망이 있어요. 사람들은 그 소망을 이루고 싶어 하지요. 옛사람들은 자신의 소망을 이루기 위해 하늘에 빌기도 하고, 종교에 기대어 신께 기도하기도 했어요. 인쇄술의 발달은 이러한 종교적 믿음과 깊은 관계가 있지요.

세계에서 가장 규모가 큰 종교로 불교와 이슬람교, 기독교를 손꼽을 수 있어요. 이들 종교는 옛날부터 많은 사람을 끌어들이기 위해서 노력해 왔어요.

한국과 중국, 일본 등 동양의 여러 나라에서는 불교를 널리 퍼뜨리기 위해 불경과 불화를 만들어 배포했어요. 이를 더 많은 사람에게 나눠 주기 위해 한꺼번에 찍을 수 있는 인쇄술이 발달하기 시작한 것이지요. 이집트에서는 십자군이 한창 공격해 올 때 이슬람교 경전인 코란을 찍어 냈

어요. 이슬람교도들은 인쇄술로 경전을 찍어 내는 것을 신성 모독이라 여겨 오랫동안 거부했지요. 유럽의 기독교 국가들 역시 성화나 성서를 찍기 위해 인쇄술을 발달시켰어요.

이처럼 인쇄술은 경전을 만들기 위해 시작되었어요. 그 첫 번째는 바로 목판 인쇄술이었어요. 목판 인쇄술은 대개 종이를 만들어 내는 기술과 함께 발달했어요. 당연한 얘기예요. 종이를 만들지 못하는 곳에서 인쇄가 발달할 리 없었겠지요?

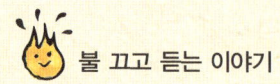 불 끄고 듣는 이야기

도장은 반대로, 비석은 똑바로?

　탁본이 뭔지 대강 알았겠지? 탁본이란 종이를 대고 문지르거나 두들겨서 물건의 들어가거나 튀어나온 모양을 알아보는 방법이야. 커다란 물고기 비늘에 먹칠을 하고 종이에 모양을 뜨는 '어탁'이란 게 있는데, 탁본도 이와 같은 것이지. 왜, 동전 위에 종이를 놓고서 연필로 살살 문지르면 동전 모양이 종이 위에 그려지지 않니? 그게 바로 탁본이란다. 학교에서 미술 시간에 해 본 적이 있을 거야.

　도장은 글자의 좌우가 반대로 새겨져 있잖아. 비석에는 글씨가 똑바로 새겨져 있어. 그런데 도장을 찍은 글씨나, 비석에서 탁본을 뜬 글씨나 모두 똑바로 찍혀 나오지. 왜 그럴까? 여기에는 비밀이 숨어 있어.

　도장은 종이에 직접 대고 찍어야 하기 때문에 좌우를 반대로 새겨야 해. 많이 찍어 봤으니 잘 알겠지? 그럼 탁본은 어째서 똑바로 새긴 글씨가 똑바로 찍혀 나오는지 알려 줄게.

　탁본은 대개 글씨가 닳아빠진 오래된 비석에서 글자를 알아볼 때 쓰는 방법이야. 탁본을 뜨기 위해서는 먼저 비석 위에 종이를 덮어. 옛날 사람들은 한지를 사용했겠지? 그리고 종이 위에 물을 뿌리는 거야. 요즘이야 스프레이로 칙칙칙 뿌리면 되지만, 옛날에는 입안에 물을 잔뜩 머금었다가 푸 뿜어냈단다. 이것을 습탁이라고 하지. 물을 뿌리지 않고도 탁본을 할 수 있는데, 그것은 건탁이라고 해.

물을 뿌린 종이가 다 마르면 솜뭉치에 먹을 묻혀서 조심스럽게 탁탁 두드리거나 부드럽게 밀어야 해. 그러면 볼록한 곳은 먹이 묻어서 종이가 검어지고, 오목한 곳은 먹이 묻지 않아서 흰 채로 있겠지.

골고루 두드리고 밀었다면 종이가 마를 때까지 기다렸다가 조심스럽게 떼어 내야 해. 그러면 탁본 끝! 비석은 대개 글자를 오목새김하기 때문에 탁본을 뜨면 글자는 흰색으로 보이고 글자가 없는 바탕 부분이 검은색으로 나타난단다.

넷째 마당

가장 오래된 목판 인쇄본

석가탑에 잠들어 있던 문서 ·········· 46
일본까지 전해진 우리의 목판 인쇄술 ·········· 48
자랑스러운 우리의 《무구 정광 대다라니경》 ·········· 52

[불 끄고 듣는 이야기 ①] 《무구 정광 대다라니경》을 빼앗으려고? ·········· 54
[불 끄고 듣는 이야기 ②] 책이 만들어진 때를 알아내는 방법 ·········· 58

석가탑에 잠들어 있던 문서

1966년 불국사 석가탑을 수리하기 위해 해체하던 중, 2층 몸돌 윗부분에서 사리함과 여러 가지 공양구(공양물을 담는 그릇)가 발견되었어요. 또한 종이로 된 두루마리 문서도 발견됐어요. 이 두루마리는 오랜 세월을 지나며 서로 끈끈하게 달라붙어 있었어요.

사람들은 처음에 이 물건들을 대수롭지 않게 생각했어요. 탑 속에 흔히 넣는 불경이나 사리라고 여겼던 것이지요. 하지만 거기 쓰인 글자가 손으로 직접 쓴 것이 아니라 목판으로 찍어 낸 인쇄물이란 걸 깨닫는 순간, 문화재 전문 사학자들은 깜짝 놀랐어요. 이 최초의 목판본은 무려 1,200여 년의 시간 동안 꼭 닫혀 있던 석가탑 안에서 썩지 않고 견뎌 왔지요.

이 목판 인쇄물이 바로 《무구 정광 대다라니경》이에요. 이 문서는 불교의 참된 말씀들을 모아 놓은 것으로, 주로 죽은 사람을 보내는 의식에 사용됐어요. 죽은 자의 업적을 칭송하고 극락왕생을 빌며 이 경문을 시신

위에 쌓아 덮었지요. 전염병이 돌거나 재해가 있을 때에도
《무구 정광 대다라니경》을 비롯한 여러 가지 불경을 탑 속에
넣어 부처의 공덕을 빌었다고 해요.

일본까지 전해진 우리의 목판 인쇄술

　신라 사람들은 종이를 무척 잘 만들어 냈어요. 중국에서는 신라의 종이를 하얗고 반질반질하다 하여 '백추지'라 불렀어요.
　백추지는 우리나라 산에 널린 닥나무 껍질을 짓이겨서 물에 푼 뒤, 그것을 얇게 떠서 만들어요. 이 종이는 섬유질이 풍부해서 질기고 먹이 잘

먹었어요. 그래서 책을 한 번 찍으면 오래 보관할 수 있고, 손길이 많이 가도 쉽게 해지지 않았지요. 색깔이 하얀 만큼 글씨도 선명하고 잘 보였고요. 그에 비해 중국이나 일본의 종이는 재질이 나빠서 잘 찢어졌어요. 색도 누르스름하고 색도 쉽게 바랬지요.

중국 사람들은 신라의 백추지를 무척 좋아해서 비싼 값에 사 가곤 했어요. 중국에서 신라의 종이는 손꼽히는 명품이었지요. 신라에서는 중국 상인에게 종이를 팔기도 했지만 조공으로 보내기도 했어요. 조공은 그 나라에서 생산되는 최고급 물건을 예물로 중국에 보내는 것으로, 신라의 종이가 얼마나 고급품이었는지 알 수 있지요. 근대까지도 강화도의 화문석과 함께 한지를 중국에 보낼 정도였답니다.

신라는 주로 절에서 종이를 만들었어요. 절에는 승려 외에도 많은 종과 일꾼, 기술자 들이 있었는데, 그중에는 종이 장인도 있었지요. 종이 장인들은 절에서 쓰는 종이의 생산을 도맡았어요. 이러한 전통이 조선 시대까지 이어지면서, 종이를 만들고 기술을 전수하는 일은 대부분 절에서 이루어지게 되었어요.

목판의 인쇄 과정을 한번 볼까요? 먼저 글자를 새기기에 적당한 나무를 적당한 크기로 베어 판목을 만들어요. 대개 우리나라에서 많이 자라는 벚나무를 쓰지요. 판목은 짠물이나 민물에 오래 담가 결을 삭힌 뒤, 밀폐

목판 만드는 법

① 적당한 나무를 베어 판목을 만들어요.
② 판목을 오랫동안 물에 담가 결을 삭혀요.

③ 판목을 솥에 넣고 쪄서 벌레를 죽이고 진을 빼요.
④ 판목을 충분히 말린 뒤, 표면을 곱게 대패질해요.
⑤ 새길 내용을 종이에 써서 판목 위에 뒤집어 붙여요.

⑥ 종이의 글자를 따라 한 자 한 자 정성껏 새겨요.
⑦ 좌우로 글자가 뒤집어진 목판 완성!

된 용기에 넣고 쪄서 벌레를 죽이고 나무 진을 빼요. 깨끗해진 판목은 충분히 말린 뒤, 뒤틀리거나 빠개지지 않게 다듬어요. 이제 글자를 팔 나무 표면을 곱게 대패질한 다음 찍어 내려는 책을 종이에 깨끗이 써서 판목 위에 뒤집어 붙여요. 솜씨 있는 조각공이 종이의 글자를 따라 한 자 한 자 정성껏 돋을새김으로 조각하고 나면 좌우로 글자가 뒤집어진 목판이 완성돼요. 그러면 볼록한 글자에 먹을 칠해 종이에 찍어 내면 되지요.

숙련된 기술자의 복잡하고 정교한 작업이 따르는 목판 인쇄 과정에는 비용이 상당히 많이 들었어요. 목판 자체도 부피가 크고, 무겁고, 벌레가 꾀고, 습기를 먹어 뒤틀리고, 썩고, 닳고, 부서진다는 단점이 있었지요. 목판은 만드는 것뿐 아니라 보존하는 데에도 많은 비용이 들었어요. 하지만 한 번 만들고 나면 언제든 필요한 만큼 책을 다시 찍어 낼 수 있었기 때문에, 당시 사람들은 목판을 잘 보존하기 위해 많은 노력을 기울였어요.

우리의 목판 인쇄술은 이후 일본으로 건너갔어요. 그리하여 770년경, 일본에서 《다라니경》의 경문을 목판으로 찍어 냈지요. 이때 찍은 일본의 《다라니경》은 현재까지도 일본 곳곳에 남아 있어요. 석가탑에서 우리의 《무구 정광 대다라니경》이 발견되기 전까지 일본의 《다라니경》이 세계에서 가장 오래된 목판 인쇄물로 여겨졌답니다.

자랑스러운 우리의
《무구 정광 대다라니경》

우리나라는 종이 만드는 기술과 함께 목판 인쇄술도 발달했어요. 하지만 그러한 사실을 뒷받침하는 확실한 근거를 찾을 수가 없어 애를 태우던 와중에, 석가탑 속에서 최초의 목판 인쇄본인 《무구 정광 대다라니경》을 발견하게 되었지요.

《무구 정광 대다라니경》은 너비 8센티미터, 길이 52센티미터 크기의 종이 열두 장을 이어 붙인 두루마리예요. 총 길이는 무려 6.5미터나 되지요. 발견 당시 《무구 정광 대다라니경》은 아랫부분 일부가 삭아서 떨어져 나가 있었고, 다른 곳도 군데군데 구멍이 나 있었어요. 종잇장이 서로 끈끈하게 달라붙어 있어서 함부로 손을 댈 수 없는 상태였지요. 다만 추측할 수 있는 것은, 이 종이가 석가탑이 세워진 8세기 중엽 이전에 만들어졌고, 그 후 목판으로 인쇄되었다는 것뿐이었어요.

《무구 정광 대다라니경》은 발견된 지 23년 후에야 겨우 복원이 이루어졌어요. 종이 1센티미터를 풀어내는 데 며칠이 걸리는 이 정교한 작업에 일본의 전문가까지 투입되었고, 문서 전체가 풀어지는 데에는 무려 네 달이 걸렸어요. 《무구 정광 대다라니경》은 1천여 년 만에 제 모습을 찾았답니다.

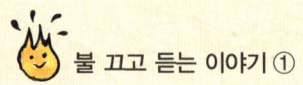 불 끄고 듣는 이야기 ①

《무구 정광 대다라니경》을 빼앗으려고?

세상에! 눈 똑바로 뜨고 있었는데 자기 물건을 빼앗긴 것만큼 억울하고 속 타는 일이 또 있을까? 바로 그런 일이 《무구 정광 대다라니경》을 두고 일어났어. 중국의 학자들이 석가탑 속에서 나온 《무구 정광 대다라니경》을 자기 나라 것이라고 우긴 일이지.

중국 사람이 쓴 《중국 인쇄사》를 보면 《무구 정광 대다라니경》 사진이 실려 있어. 그들은 그것을 이렇게 소개하고 있지. '세계에서 가장 오래된 인쇄물로, 8세기 초에 찍은 당나라 인쇄본 《무구 정광 대다라니경》이 남조선에서 발견되었다.' 말하자면 《무구 정광 대다라니경》은 중국의 것이라 이거지.

물론 그들도 내세우는 근거가 있어. 《무구 정광 대다라니경》 마지막 부분에 보면 당나라 측천무후 때 새로 만들어진 무주제자란 글자가 몇 개 인쇄되어 있어. 한자가 끊임없이 새로 만들어지던 때라, 중국의 문자 역사를 근거로 하여 중국 것이라고 주장하는 거지.

영국의 동양학자인 니덤은 중국이 세계 최초로 인쇄술과 나침반과 화약을 발명했다고 주장한 사람인데, 그 역시 중국의 주장을 받아들였어. 신라가 인쇄할 능력이 있었다는 확실한 증거가 없다면,《무구 정광 대다라니경》은 당나라 것일 가능성이 크다고 말이지. 유럽의 다른 여러 나라에서 나오는 책에도 '당나라에서 찍은《무구 정광 대다라니경》이 한국 동남부의 경주 불국사에서 보관되어 오다가 1966년에 발견되었다.'라고 되어 있단다.

중국의 주장이 과연 타당한 걸까? 측천무후 때 만들어진 새로운 글자 몇 개가 인쇄되어 있다는 사실이 정말《무구 정광 대다라니경》이 중국에서 만들어졌다는 걸 입증하는 걸까?

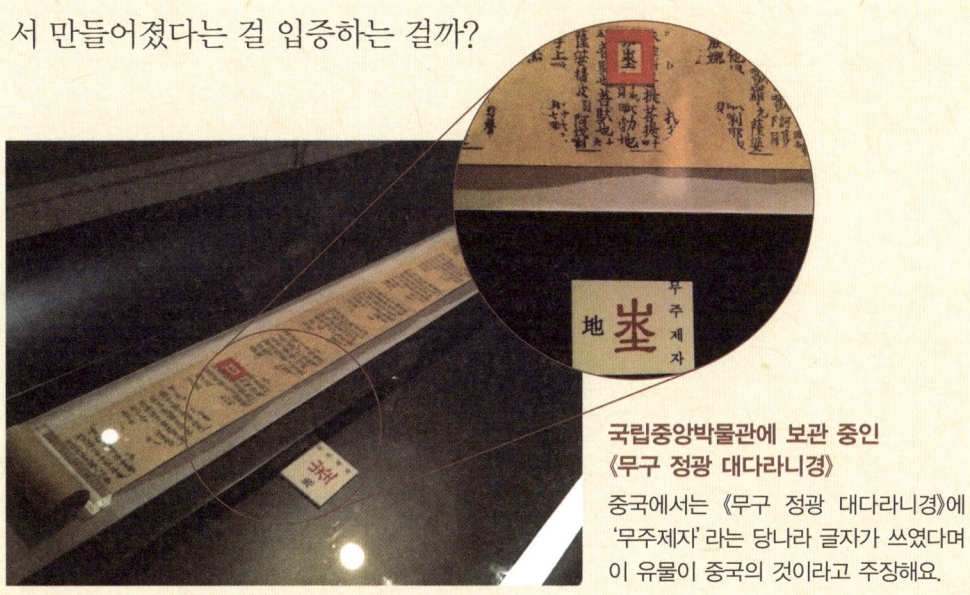

국립중앙박물관에 보관 중인《무구 정광 대다라니경》
중국에서는《무구 정광 대다라니경》에 '무주제자'라는 당나라 글자가 쓰였다며 이 유물이 중국의 것이라고 주장해요.

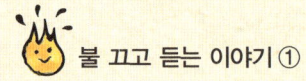 불 끄고 듣는 이야기 ①

　측천무후가 이 글자들을 만든 시점과 《무구 정광 대다라니경》이 인쇄된 시점은 약 50여 년의 시간 간격이 있어. 이 시기는 신라의 승려와 사신, 유학생 등 많은 사람들이 당나라의 수도인 장안을 쉴 새 없이 들락거리던 때이지. 따라서 당나라에서 찍은 경전이나 고전도 많이 들어왔을 거야. 그런 점에 비추어 보면 중국 학자들의 말도 일리가 있어.

　하지만 신라는 선진 문물을 매우 빠르고 적극적으로 받아들이던 나라이기 때문에, 50년이면 중국의 새로운 한자를 익히기에는 충분한 시간이었어. 당나라에서 새로운 글자가 만들어졌다 해도, 50년이 지난 뒤라면 신라의 승려 또한 그 글자를 충분히 알고 있었다는 얘기야. 그렇다면 《무구 정광 대다라니경》에 그 글자가 실려 있는 것도 말이 되지.

　무엇보다도 일본의 종이 전문가들은 《무구 정광 대다라니경》에 쓰인 종이가 신라의 백추지일 가능성이 높다고 말해. 중국 학자들은 받아들이지 않지만 말이야. 하기야 중국은 조선 세종 때 장영실이 만든 측우기도 명나라에서 만들어 보낸 것이라고 주장하고 있지. 세계에서 가장 오래된 측우기라고 하니 탐을 내는 게야.

　아무튼 일단 내 것이라고 우기고 드니, 정말 골치가 아플 노릇이야.

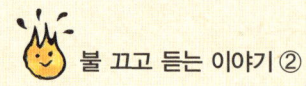 불 끄고 듣는 이야기 ②

책이 만들어진 때를 알아내는 방법

옛날 책을 보면 종이 색이 누렇고 둘둘 말려 있어서 오늘날의 책과 많이 다르지? 흰 것은 종이요 검은 것은 글자라는 건 알겠다만, 무슨 이야기가 적혀 있는지 도통 알 수도 없고 말이야. 나중에 한자를 배우게 되면 그 내용을 알게 되는 때가 올 거란다.

책에 얽힌 재미있는 이야기를 해 줄게. 만약 집에서 옛날 책을 발견했다면 어떻게 하겠니? 무슨 내용인지 도저히 모르겠으니 도로 책장에 꽂아 놓을 테지. 하지만 한 가지 알아 둘 만한 것도 있어. 책 내용은 몰라도 그 책이 언제쯤 만들어진 것인지는 알 수 있는 방법이 있단다.

책이 만들어진 때를 알아내는 방법에는 여러 가지가 있어. 간단한 한자를 읽을 수 있다면 책의 처음과 끝에 있는 머리말과 맺음말, 왕이 신하에게 내리는 글 등을 통해 책을 만든 때를 알 수 있지. 하지만 아무래도 이런 글이 없는 경우가 더 많을 것 같구나. 그럴 때에는 그 책을 가지고 있던 사람이 찍어 놓은 도장이나 책장 한구석에 적어 둔 문구를 보고도 알 수 있어.

이런 것들이 아무것도 없다! 그러면 어떡할까?

그럴 때에는 찍혀 있는 모양을 보고 알 수가 있어. 옛날 책에는 능화문이라고 해서 두꺼운 책의 겉표지에 아름다운 문양을 찍어 놓았지. 그 문양이 책을 만든 시대에 따라 각기 달라. 그래서 그걸 보고 언제 만들었는지 짐작할 수 있단다.

그 다음으로는 접지표를 보고 알 수 있어. 접지표는 종이 가운데를 접으라는 표시야. 요즘의 책은 종이의 앞면, 뒷면에 모두 인쇄를 하지만, 옛날에는 종잇장이 너무 얇아서 한 면에만 인쇄를 할 수 있었어. 그래서 한 면에 인쇄를 한 기다란 종이를 반으로 접어서, 마치 양면이 인쇄된 것처럼 보이는 낱장을 만들었지.

접지표는 여러 가지 모양을 가지고 있어. 가운데 간단한 꺽쇠 모양만 있는 것, 꽃잎 모양이 있는 것, 꽃잎 모양에 긴 줄이 양쪽으로 뻗어 있는 것, 접지표 위나 아래에 책 이름을 써 둔 것 등 열대여섯 가지나 되는데, 그 모양은 시기에 따라 다르단다. 그러니 접지표의 모양으로도 책이 언제쯤 만들어졌는지 알 수 있지.

다섯째 마당

고려의 《팔만대장경》

책 수입국에서 수출국으로 ·········· 62
부처의 가호를 비는 대장경 ·········· 64
16년 만에 완성한 팔만 개의 경판 ·········· 68
《팔만대장경》에 얽힌 이야기 ·········· 72

[불끄고 듣는 이야기 ①] 불타지 않은 《팔만대장경》 ·········· 76
[불끄고 듣는 이야기 ②] 《팔만대장경》이 보물인 이유 ·········· 80

책 수입국에서 수출국으로

 삼국 시대부터 사용된 목판 인쇄술은 불교 경전과 함께 널리 읽힐 만한 책을 만들어 내는 데 큰 역할을 했어요. 나라에서 공문서를 만들 때에도 목판 인쇄를 활용했고, 오래 보관할 필요가 있는 책의 경우 판본을 만들었지요.

 신라의 목판 인쇄술은 고스란히 고려로 이어져 내려왔어요. 신라의 인쇄술을 발판으로 해서 고려는 세계적인 문화유산인 《팔만대장경》을 만들어 냈어요. 《팔만대장경》은 1011년부터 1251년 사이에 여러 차례에 걸쳐 만들어진 고려대장경들 중 하나예요. 그중 초기에 만들어진 《초조대장경》과 《속장경》은 전쟁 중에 잃어버려 현재 일본에 몇 권이 남아 있는 정도이고, 1236년부터 1251년까지 만들어진 《팔만대장경》은 현재까지 해인사에 보존되어 있어요. 말하자면 《팔만대장경》은 고려 시대 목판 인쇄술이 꽃을 활짝 피워 낸 작품이지요.

고려 시대에는 목판 인쇄술이 적극적으로 사용되었어요. 1086년에는 대각국사 의천의 건의로, 유실된 대장경을 다시 만들기 위해 판각 작업을 도맡아 할 교장도감이 설치되었어요. 《속장경》이 여기서 만들어진 것이지요.

중앙 기구나 절에서만 책을 찍은 것은 아니에요. 지방 군현에서도 자체적으로 비용을 들여 그때그때 필요한 책을 찍었지요. 1058년, 충청북도의 충주목에서는 의학책 아홉 종을 찍어 냈고, 다음 해에는 해주의 안서도호부와 경상북도의 경산부에서도 역사책과 의학책을 찍어 냈어요.

고려 중기에 이르러서는 송나라에서 책을 수입하지 않아도 될 정도로 목판 인쇄가 활발히 이루어졌어요. 송나라에서는 그저 새로 나온 책을 수입하거나 특별히 필요한 책을 들여오는 정도였지요.

1091년에는 송나라에서 오히려 책을 보내 달라고 고려에 요청한 적도 있어요. 고려는 중국 고전을 중심으로 128종, 총 5천 권에 달하는 책을 보내 주었어요. 책을 수입하던 나라에서 수출하는 나라가 되었으니, 고려의 목판 인쇄술이 얼마나 발달했는지 충분히 짐작할 수 있겠지요?

고려 말기에서 조선 초기부터는 관아에서 펴내는 공문이나 책 외에 문인이나 학자 등 개인이 쓴 책도 인쇄본으로 발행되기 시작했답니다.

부처의 가호를 비는 대장경

11세기 초, 몽골의 거란족이 고려로 쳐들어왔어요. 고려의 왕 현종은 개경을 비우고 정신없이 남쪽으로 도망가는 처지가 되었지요. 나라가 위기에 처한 상황에서 현종은 절박한 마음으로 부처님께 맹세했어요. 적을 물리쳐서 나라를 지킬 수 있다면 대장경을 새겨서 은혜에 보답하겠다고요. 그러자 정말로 얼마 뒤에 적군들이 물러갔어요. 현종은 부처님께 맹세한 대로 대장경을 새기라고 명령했지요.

'대장경'이란 불교와 관련된 모든 책을 일컫는 말이에요. 다른 말로는 '일체경'이라고도 하지요. 부처의 말씀인 '경', 불교의 계율인 '율',

고승들이 하신 말씀을 모아 놓은 '논'이 모두 포함되어 있기 때문에 '삼장경'이라고도 해요.

　대장경은 원래 산스크리트어로 이루어진 경전이에요. 인도에서부터 중앙아시아를 거쳐 중국으로 불교가 전파되면서 불교의 경전 또한 중국어로 번역되었고, 이것이 한국, 티베트, 중국, 일본 등에 다시금 퍼지면서 북방 불교의 경전이 되었어요. 한편 동남아시아에는 팔리어로 된 경전이 널리 퍼졌어요. 이것은 미얀마, 타이, 베트남 등에서 믿는 남방 불교의 경전이 되었답니다.

　북방 불교는 교리를 중요시하는 대승 불교의 측면이 강하고, 남방 불교는 해탈을 중요시하는 소승 불교의 측면이 강해요. 따라서 북방 불교의 영역에 있던 고려에서는 대장경을 새기는 것이 무척 영광스러운 일로

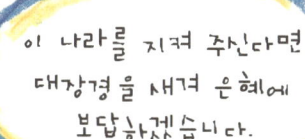
이 나라를 지켜 주신다면 대장경을 새겨 은혜에 보답하겠습니다.

여겨졌어요. 대장경을 새기면 나라 전체가 부처의 보호 아래 놓여 편안해질 거라는 믿음이 있었지요.

　현종이 대장경을 새기라고 명한 지 76년이 지난 1087년, 흥왕사에서 드디어 대장경이 완성되었어요. 이 대장경을 처음 새긴 대장경이라 하여 《초조대장경》이라고 불렀지요. 《초조대장경》은 뛰어난 고려의 목판 인쇄 기술로 완성한 걸작이었어요.

　그 뒤 대각국사 의천이 송나라를 돌며 3천여 권의 장서를 모아 와서 《초조대장경》을 보완하기 시작했어요. 빠지거나 부족한 내용을 채워 넣는 데, 1073년부터 1090년까지 약 16년의 시간이 걸렸지요. 그리하여 다시 새로이 엮은 대장경이 완성되었고, 이를 《속장경》이라고 불렀어요. 《속장경》은 《초조대장경》과 함께 1096년, 대구의 부인사로 옮겨져 보관되었지요.

　1232년, 몽골군이 다시 고려를 침략했어요. 닥치는 대로 부수고 불을 지르던 그들은 부인사에 들이닥

쳐 절에 불을 질렀어요. 그곳에서 보관하고 있던 대장경은 한순간에 잿더미가 되고 말았지요. 강화도로 피해 있던 고종은 뒤늦게 이 사실을 알았고, 부처의 힘으로 나라를 지키기 위해 대장경을 다시 펴내기로 했어요. 그리하여 1236년, 대장경 펴내는 일을 지휘할 대장도감이 설치되었고, 장대한 대장경 작업이 시작되었지요. 이때 만들어진 것을, 다시 만든 대장경이라 하여 《재조대장경》이라고 해요. 이것이 바로 오늘날 세계 문화 유산으로 꼽히는 《팔만대장경》이지요. 나라가 한창 전쟁을 치르느라 백성들이 고통 받는 상황에서 엄청난 노동과 비용이 대장경 작업에 들어갔습니다.

16년 만에 완성한 팔만 개의 경판

　대장경을 새기는 일은 엄청난 규모의 국가사업이었어요. 이 일을 맡아 본 관청을 새로 설치했을 정도였으니까요. 작업을 할 곳은 몽골군의 침입을 피할 수 있는 강화도와 남해안으로 정해졌어요. 강화도에 세워진 대장도감에서는 당시 무신 정권의 일인자로 있던 최우(최이)의 지원으로 대장경 작업을 총괄 진행하게 되었고, 남해에 있는 분사(일정한 규모를 나누어 따로 설치한 관아) 대장도감에서는 경판 작업을 하게 되었어요. 그리하여 두 곳에 작업장이 마련되었고, 승려인 수기 법사가 교정 책임자로 일하게 되었어요.
　곧 전국에서 내로라하는 목수와 각수(조각 장인)가 몰려들었어요. 나무를 실어 올 뱃사람과 일꾼도 불려 나왔고, 글씨를 쓸 문인과 교정을 맡아 볼 승려도 동원되었어요. 이렇게 불려 나온 사람들에게는 잠잘 곳과 음식이 제공되었어요. 대장경 일에 투입된 사람들은 다른 어떤 일꾼이나 군인보다 훨씬 좋은 대우를 받았어요.

대장경은 다음과 같이 만들어졌어요. 먼저 목수들이 판목으로 쓸 나무를 베고, 일꾼들이 그것을 강화도와 남해안, 두 작업장으로 날랐어요. 주로 줄기의 지름이 50센티미터가 넘는 커다란 산벚나무와 돌배나무, 참나무가 사용되었지요. 이 나무들이 판각지에 도착하면, 나무의 결을 삭히고 진을 빼기 위해 바닷물에 1~2년 동안 담가 두었어요. 그러고는 소금물에 쪄서 벌레를 죽이고 그늘에 말렸지요. 이렇게 하면 나무가 비틀어지지 않고, 판에 글씨를 새겨도 휘거나 일그러지지 않았어요.

한편으로는 닥나무로 종이도 만들었어요. 대장경 작업에는 엄청난 양의 종이가 쓰였기 때문에 전국 각지에서 종이를 공급받았지요. 먼저 승려와 문신들이 종이에 글을 써 내려갔어요. 한 줄에 열네 자, 한 경판에 23줄을 기본으로 하여, 보기 좋고 획이 분명한 서체로 글을 썼답니다.

완성된 종이는 판 위에 뒤집어 붙였고, 각수가 그 글자를 따라 새겼어요. 좌우가 반대로 되게 새겨야 하므로 종이의 뒷면을 대고 새긴 것이지요. 판각 작업에 어찌나 공을 쏟았던지, 전해 오는 말에 따르면 각수가 한 글자를 쓰고 새길 때마다 절을 한 번씩 했다는 말도 있어요.

경전의 내용을 더 쉽게 이해할 수 있도록 중간중간 각수들이 부처를 비롯해 구름, 나무 등 자연물을 새겨 넣었어요. 대장경의 삽화를 보면 고려 판화의 높은 수준을 엿볼 수 있지요.

워낙 많은 양의 문서이다 보니 글자가 틀리는 경우가 있었어요. 종이에 쓴 글자가 틀린 경우도 있고, 경판에 새긴 글자가 틀린 경우도 있었어요. 베껴야 할 경전 원본이 틀린 경우도 있었지요. 완벽한 대장경을 만들기 위해서는 틀린 글자와 내용을 바로잡는 일이 매우 중요했어요. 그러한 교정 작업은 경전의 내용을 잘 아는 사람만이 할 수 있었어요. 수기 법사는 승려들을 동원하여 꼼꼼하게 교정을 보았어요. 이들의 교정과 감수 솜씨는 자기 글을 번역하는 것처럼 능숙했다고 해요.

판각을 마친 뒤에는 뒤틀림을 막기 위해 구리판으로 네 귀퉁이를 감싸고, 오랫동안 보관하기 위해 옻칠을 해서 마무리했어요. 이러한 과정을 거치며 16년 만에 드디어 약 5천만 자를 담은 8만 장의 경판, 《팔만대장경》이 완성되었답니다.

팔만대장경을 만든 과정

《팔만대장경》에 얽힌 이야기

　유네스코 세계 문화유산에 지정된 《팔만대장경》에는 놀라운 기록과 재미난 이야기들이 얽혀 있어요. 《팔만대장경》의 모든 판들은 한 면에 322자씩 새겨져 있어요. 양면으로 새겼으니 한 판에 총 644자가 새겨져 있는 셈이지요. 이러한 판이 8만 1,258장이므로 글자 수를 계산해 보면 적게 잡아도 5,200만 자 이상은 될 거예요.

　이 수많은 경판의 수많은 글자들은 마치 한 사람이 쓴 듯 정연하고 아름다우며, 틀린 글자도 매우 적다고 해요. 이 점만으로도 이미 세계적인 기록감이겠지요.

　이렇게 엄청난 일은 결코 한 사람이 이루어 낼 수 없었을 거예요. 처음에는 최우가 몽골군을 물리치겠다는 생각으로 시작한 일이지만, 수많은 사람이 한마음으로 피땀 흘려 노력했기 때문에 완성될 수 있었지요.

　물론 개중에는 억지로 끌려 나온 사람도 있었을 것이고, 마지못해 돈을 바친 사람도 있었을 거예요. 전쟁 통에 무리하게 큰일을 벌인다고 불

만을 가진 사람도 분명 있었겠지요. 하지만 불가에서 행하는 일에 참여하면 공덕을 쌓고 복을 받을 거라 생각하고 스스로 참여한 백성도 아주 많았어요.

승려들은 글자 새기는 기술을 익혀 각수로 참여하기도 했어요. 문신이었던 한 선비는 본래 각수가 아니었는데도 7년 동안 각수로 일하며 177장의 경판을 새겼다고 해요. 그 외에도 경판 작업에 드는 비용을 위해 재물을 내놓은 사람도 많았답니다.

《팔만대장경》 경판 끝부분에 보면 이름이 새겨져 있어요. 한 사람의 이름이 새겨져 있기도 하고, 여러 사람의 이름이 새겨져 있기도 해요. '요

《팔만대장경》 경판
각수 한 명이 하루 동안 새길 수 있는 글자 수는 20~40자였어요.

원'이라는 이름을 가진 사람은 승려라고 추측되는데, '이 공덕의 원력에 따라 길이 윤회의 과보를 벗어나고 부모께서는 극락세계에서 편안히 사소서.'라고 써 놓았어요. 그 밖에도 여자 신도나 어린 남자 승려가 '부모를 위해'라고 새겨 놓은 것도 있지요. 어린이를 가리키는 '박동'이나 '최동'과 같은 표시도 보이는데, 이것은 부모가 써 넣은 것으로 보여요.

사실 인류의 역사를 살펴보면 오늘날 위대한 문화유산이라 일컫는 것들은 대부분 백성들의 피땀으로 이루어졌어요. 우리는 지금 《팔만대장경》을 무척 자랑스럽게 생각하고 있지만, 그 당시 고려의 백성들은 몽골군의 침략을 피해 산이나 섬으로 도망가기 일쑤였어요. 굶어 죽거나 적에게 잡혀 속절없이 죽어 나가는 일도 다반사였지요. 그런데도 조정에서는 많은 인력과 재

《팔만대장경》 1371부 〈속개원석교〉 중 한 장

물을 《팔만대장경》 제작에 쏟아 부었으니 마냥 잘한 일이라고만은 할 수 없을 거예요. 차라리 금속을 녹여 창이라도 하나 더 만들어야 했다고 주장하는 사람도 있어요.

《팔만대장경》이 부처의 보살핌으로 나라를 지키기 위해 만든 것이라고 하지만, 그 시대를 살던 백성의 처지에서는 과연 어느 것이 더 나라를 위하는 일이었을까요? 이 점은 우리가 조금 더 깊이 생각해 봐야 할 것 같네요.

해인사에서 보관 중인 《팔만대장경》

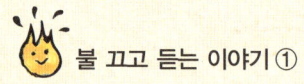 불 끄고 듣는 이야기 ①

불타지 않은 《팔만대장경》

《팔만대장경》이 어떻게 오늘날까지 거의 완벽하게 보존되어 왔는지 신기하지? 이제 그 얘기를 들려줄게.

고려 말까지 《팔만대장경》은 강화도에 있었어. 대장도감이 강화도에 설치되어 있었으니, 학자들은 강화도에 있는 선원사에서 《팔만대장경》을 보관했을 거라고 짐작하고 있지.

선원사에서는 어떻게 《팔만대장경》을 보관했을까? 그에 대한 기록은 남아 있지 않아서 도무지 알 수가 없어. 8만여 개나 되는 목판을 관리하는 일이 보통이 아니었을 텐데 말이야.

조선 초기에 태조는 《팔만대장경》을 보관할 장소를 찾기 시작했지. 강화도는 북쪽에 위치해 있어서 중국에서 쳐들어오는 길이 가깝고, 또 간혹 왜구도 나타나는 곳이라 아무래도 무척 불안했을 거야. 고민에 고민이 거듭되었지.

마침내 1398년, 강화도와 멀리 떨어진 경상도 해인사로 《팔만대장경》

을 옮기기로 결심했어. 해인사에서는 《팔만대장경》을 보관할 전각이 지어지기 시작했지. 1488년 이 건물을 완성하고 대장경을 보관한다 하여 장경각이라 이름 붙였지.

그러면 이제 《팔만대장경》의 판본을 옮겨야 하는데……. 이 덩치 크고 조심스러운 보물을 경상남도에 있는 해인사까지 옮기는 것 또한 큰일 아니었겠니? 지금으로 치면 트럭으로 수십 대분에 달하는 엄청난 분량인데, 그 시대 사람들은 8만여 개의 경판을 어떻게 옮긴 걸까?

일단은 왜구를 피해 강화도에서 한강을 거쳐 서울의 지천사로 옮겨 놓았어. 지천사는 지금의 독립문 부근에 위치한 절이었어. 이 절에서 여덟 달 동안 해인사 장경각이 지어지기를 기다리며 《팔만대장경》을 운반할 길과 운반 수단을 찾아냈단다.

정확하게 알려져 있지는 않지만, 아마도 《팔만대장경》은 서울에서 남한강을 거쳐 낙동강에 이르는 뱃길로 운반되었던 것 같아. 혹은 서해를 거쳐 낙동강 뱃길을 탔을 수도 있고. 경상북도 고령의 낙동강 어귀에 장경나루 혹은 개경포라고 불리던 나루터가 있는데, 이 이름은 대장경이 들어온 강나루를 뜻한단다. 본래 이름은 개산포였는데 대장경이 들어온 뒤로 개경포라 불리게 되었지. 일제 강점기 때 개포라고 이름이 바뀌었지만, 결국에는 개경포란 이름을 되찾았단다.

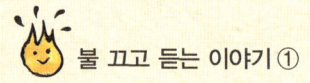
불 끄고 듣는 이야기 ①

　1592년, 임진왜란이 일어났어. 왜구들은 경상남도 양산에 있는 통도사에 불을 질렀어. 해인사도 경상남도에 위치해 있었지만 다행히 노략질을 당하지 않았지. 조선 후기에는 해인사에 무려 일곱 번이나 큰불이 났는데, 천만다행하게도 장경각에는 불이 옮아 붙지 않았어. 《팔만대장경》 제작에 참여했던 수많은 사람의 믿음과 정성이 정말로 부처에게 가 닿았던 것일까?

　《팔만대장경》은 20세기에 와서도 큰일을 당할 뻔했어. 1951년, 한국 전쟁이 한창이던 때에 말이야. 이 해 8월, 미군 공군 작전 본부에서는 경남 사천에서 전쟁을 치르던 제1 전투 비행단에 해인사를 폭격하라고 명령했어. 당시 500~600명이나 되는 인민군 대대가 해인사를 점령하고 있었거든. 비행단의 김영환 대령은 깊은 고민에 빠졌어. 정녕 민족의 보물인 《팔만대장경》을 파괴해야만 하는가 하고 말이지.

　결국 김영환 대령은 폭격기 편대를 이끌고 출격했어. 하지만 끝까지 폭탄을 떨어뜨리지 않고 시간을 끌다 돌아왔어. 미군은 그러한 행동을 명령 불복종으로 여겼고, 김 대령은 이 일로 처형당할 위기까지 갔어.

　김 대령은 미군의 군법 회의에 불려 나가 추궁을 받았는데, 거기서 이렇게 말했다고 해.

　"영국 사람들도 셰익스피어는 인도와도 바꿀 수 없다고 말합니다. 《팔만대장경》은 셰익스피어와 인도를 다 주어도 바꿀 수 없는 보물입니다. 빨치산 몇 명 잡겠다고 그것을 불태울 수는 없습니다."

이렇게 김영환 대령이 목숨 걸고 지켜 낸《팔만대장경》은 1997년에 유네스코 세계 문화유산으로 지정되었어. 해인사에서는 고 김영환 대령의 업적을 기념하기 위해 2002년 '김영환 장군 수호 공적비'를 세웠고, 훗날 그를 위한 추모제도 지냈단다.

팔만대장경을 파괴할 순 없어!

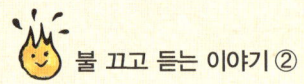 불 끄고 듣는 이야기 ②

《팔만대장경》이 보물인 이유

　《팔만대장경》은 기다란 직사각형 판자로 만들어졌어. 판의 크기는 다섯 가지가 있는데, 대개 가로 너비는 68~78센티미터에 세로 폭은 약 24센티미터란다. 각 판의 두께는 약 3센티미터이지. 무게는 나무의 종에 따라 조금씩 다르지만 대체로 한 판에 3.5킬로그램 정도야.

　자, 이 경판들을 모두 차곡차곡 쌓아 놓는다면 그 높이가 얼마나 될까? 3센티미터 두께의 판이 8만여 개이니 모두 2.4킬로미터가 돼. 현재 세계에서 최고로 높은 빌딩이 828미터 높이라고 하니, 그 빌딩의 세 배나 되는 셈이지.

　이 경판들을 가로로 나란히 늘어놓는다고 하면 그 길이가 60킬로미터 정도 될 거야. 경판들의 무게를 모두 합하면 280톤 정도 되는데, 이것을 모두 옮기려면 우리가 보통 이삿짐 옮길 때 쓰는 트럭이 140대나 필요하지. 부피로 치면 올림픽 경기장의 수영장 하나를 꽉 채우고도 남는 양이란다.

단지 경판들이 차지하는 부피나 무게만 대단한 게 아니야. 그 안에 담긴 내용은 더욱 놀라운 기록을 가지고 있지. 《팔만대장경》은 하루에 한 권씩 읽어도 대략 20년이 걸리는 분량이야. 《팔만대장경》의 글자 수는 조선 시대 500년 동안 사관이 매일같이 써 내려간 《조선왕조실록》의 전체 글자 수와 비슷해. 글자를 새긴 목판 유물로서는 세계에서 가장 방대한 양이라고 할 수 있지.

경판 제작에 들어간 자원의 측면에서 볼까? 먼저 《팔만대장경》을 만들기 위해 베인 나무는 1만~1만

정말 높은걸!

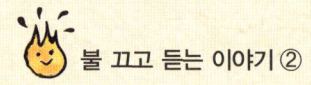 불 끄고 듣는 이야기 ②

5천 그루나 돼. 하나의 경판은 양면으로 되어 있고 한 면에는 322자씩 새겨져 있어. 한 글자는 사방 1.5센티미터 크기에 2밀리미터 깊이로 새겨져 있고 말이야.

숙련된 각수는 양면으로 된 경판 하나를 완성하는 데 한 달 정도 걸렸어. 한 사람이 1년 동안 쉬지 않고 작업하면 열두 개의 경판을 완성시킬 수 있었지. 《팔만대장경》은 총 16년에 걸쳐 만들어졌지만, 나무를 해서 목판을 준비한 시간을 제외하고 본격적으로 판각에 소요된 시간은 12년 정도야. 12년이면 한 사람이 144개의 경판을 만들 수 있고, 그렇다면 숙련된 각수가 매일같이 500명 이상 일했다는 계산이 나와. 하지만 실제로는 보조 각수나 심부름꾼 등 그보다 훨씬 많은 사람이 일했을 거야. 각수가 교체되기도 했을 테고. 대장경 작업에 필요한 인력이 어디 각수뿐이었을까? 나무를 베어서 가져오고, 목판을 짜고, 종이를 만들고, 글을 쓰고, 교정을 보고, 완성된 경판을 마감하는 등 다양한 인력이 필요했을 텐데, 그 모든 걸 감안하면 평균적으로 16년 동안 매일 천여 명의 사람이 대장경 일을 하고 있었다는 이야기가 돼.

나무로 새긴 대장경이 오늘날까지 아주 잘 남아 있을 수 있는 건 옛사람들의 지혜 덕분이야. 대장경이 있는 해인사 장경각은 동쪽에 있는 가야산 자락과 20도 정도, 서쪽에 있는 비봉산 자락과 10도 정도 경사각을 가지고 있어. 그런 까닭에 여름에는 열두 시간, 봄과 가을에는 아홉 시간, 겨울에는 일곱 시간 동안 맑은 날의 햇빛을 받을 수 있다고 해. 또한 여름에는 남동풍이 불고 겨울에는 북서풍이 부는 환경이지.

이런 까닭에 장경각은 해인사 경내에서도 온도 차이가 가장 낮고 비교적 습도가 높아. 장경각의 남쪽 창고인 수다라장과 북쪽의 법보전은 실내 기온 차가 2도를 넘지 않고, 습도는 늘 80퍼센트 정도를 유지하며, 날씨가 건조할 때에도 40퍼센트 이하로 내려가지 않아. 이러한 환경이니 경판이 말라서 뒤틀리지 않았던 거야.

여섯째 마당

가장 오래된 활판 인쇄본

활판 인쇄에 대한 첫 기록, 《고금상정예문》 86

주화에 새기던 글자를 활자로 88

세계가 인정한 《직지심체요절》 90

[불 끄고 듣는 이야기] 금속 활자에 대한 오래된 이야기 92

활판 인쇄에 대한 첫 기록, 《고금상정예문》

금속 활자가 발명되기 이전에도 활자가 있었어요. 최초의 활자는 무엇으로 만들었을까요? 바로 진흙이었어요. 진흙 활자라니, 신기하지요?

11세기경, 중국 송나라의 '필승'이라는 사람이 차진 흙에 아교를 섞고 다져서 굳힌 다음, 그것을 깎아 글자를 새기고 불에 구워서 활자를 만들었어요. 이 진흙 활자를 금속판에 올리고 송진과 밀랍, 종이를 태운 재 등을 덮었어요. 그런 다음 불길로 덥히면서 활자가 움직이지 않도록 꼭꼭 눌러 굳혔지요. 이렇게 만들어진 활판에 먹을 칠해서 종이를 대고 밀면 인쇄가 되었어요.

진흙 활자는 판이 고르게 짜이지 않고 부서지기 쉬워서 오래 사용할 수 없었어요. 훗날 사기로도 활자가 만들어졌지만 이 역시 잘 쓰이지 못했지요. 하지만 글자별로 꼴을 만들어 판에 배열해서 찍는 활판 인쇄 방식만은 획기적이었어요. 같은 판에 여러 면을 짤 수 있기 때문에 활자만 많이 갖추어 놓는다면 어떤 책이든 다시 찍을 수 있었지요. 《고금상정예문》 또한 이러한 원리로 인쇄되었어요.

1231년 1월, 몽골군의 1차 침입이 있었어요. 별다른 대비를 하지 않고 있던 최씨 무신 정권은 이듬해에 수도를 강화도로 옮겼지요. 왕실에서는 황급히 이삿짐을 싸느라 정신이 없었고, 대신과 관리 들도 저마다 자기 가족을 챙기기 바빴던 터라, 조정에서 필요한 물건을 제대로 챙길 사람이 없었어요. 그래서 수도를 옮기는 와중에 조정의 많은 물건이 소실되었는데, 그중에서도 하필이면 조정에서 의식을 치를 때 꼭 필요한 《고금상정예문》이란 책을 잃어버렸어요. 《고금상정예문》은 최윤의가 당시 고금의 예법을 모아서 엮은 책이었지요.

강화도로 수도를 옮긴 지 2년이 지난 1234년, 다행히 한 벼슬아치 집에서 이 책 한 질을 찾아냈어요. 조정에서는 그 내용을 보고 금속 활자를 만들어 새로운 《고금상정예문》 28질을 다시 찍어 냈고, 이후 그것을 가지고 의식을 치렀어요. 구리 활자로 찍어 낸 《고금상정예문》 이후 고려의 활판 인쇄술은 발전을 거듭해 나갔어요. 안타깝게도 현재는 《고금상정예문》이 남아 있지 않답니다. 활판 인쇄의 시초 격인데 무척 아쉽지요?

주화에 새기던 글자를 활자로

7세기경 당나라에서 사용하던 개원통보

사람들은 목판 인쇄에 드는 재물과 노력을 줄이기 위해 좀 더 손쉽게 인쇄할 수 있는 방법을 연구했어요. 그러다 주화에 주목하게 되었어요. 주화는 쇠붙이로 만든 화폐를 말하는데, 대표적인 주화로는 오늘날 많이 쓰는 동전이 있어요. 동전은 구리로 만든 주화를 가리키지요. 옛날에는 놋쇠로 만든 엽전을 많이 썼답니다.

우리나라에서는 996년 고려 시대에 '건원중보'라는 엽전이 처음으로 만들어졌어요. 이것은 당나라의 '개원통보'를 참고로 하여 만든 것이었지요. 이후 숙종 때인 1100년대에 여덟 종류의 엽전이 만들어졌고, 조선 시대에 이르러서는 상평통보 등의 엽전이 널리 쓰이기 시작했답니다.

엽전 사용이 일반화되면서 금속을 일정한 모양으로 만들어 내는 주조 기술이 발달했어요. 엽전의 표면에는 글자를 새겨야 하므로, 금속에 글자를 새기는 기술이 발달했던 것이지요. 이 기술은 금속 활자로 이어졌어요. 1525년에 간행된 《용재총화》에 실린 '주물사주조법'에 따르면 금속 활자를 만드는 방법은 다음과 같아요.

금속 활자 만드는 방법

① 두 개의 틀 안에 고운 흙을 꽉꽉 채워요.

② 틀 하나에 목활자로 글자를 찍고 쇳물이 들어갈 길을 내요.

③ 두 틀을 합치고 쇳물을 흘려 넣어요.

④ 쇳물이 식으면 금속 활자 완성!

세계가 인정한 《직지심체요절》

　《고금상정예문》이 최초의 금속 활자본이라는 사실은 《동국이상국집》에 잘 나와 있어요. 당시 문인이었던 이규보가 이 사실을 기록해 놓았던 것이지요. 이 기록이 없었다면 우리는 세계 최초로 금속 활자가 발명된 시점을 그 뒤로 알고 있었을 거예요.

　그런데 과연 고려 사람들이 《고금상정예문》을 찍어 내기 위해 금속 활자를 발명했던 걸까요? 그 전에 금속 활자가 이미 발명되어 있었고, 《고금상정예문》을 찍기 위해 그것을 사용했던 것은 아닐까요? 만약 그렇다면 금속 활자는 언제 처음 만들어진 걸까요?

　당시 목판 인쇄는 상당한 노력과 시간이 드는 일이었어요. 나무를 다듬고 가꾸는 데 몇 해가 훌쩍 지나고, 글자를 새기는 데에도 많은 노력이 필요했지요. 그래서 목판 인쇄로 만들어진 책 한 권을 가지려면 매우 비싼 값을 치러야 했어요. 공자의 가르침을 적어 놓은 《논어》 한 질을 사려면 논 몇 마지기 값을 치러야 했으니까요. 그래서 당시에는 책을 직접 사기

보다는, 빌려다가 몇 달 동안 베껴 쓴 뒤 돌려주는 경우가 더 많았어요. 이런 사정은 조선 시대에도 마찬가지였답니다.

그렇다면 지금 남아 있는 가장 오래된 금속 활자본은 뭘까요? 바로 1377년, 고려 우왕 때 찍어 낸 《직지심체요절》이에요. 《직지심체요절》은 본래 《백운화상초록불조직지심체요절》이라는 아주 긴 이름을 갖고 있는데, 줄여서 《직지심체요절》이라고 불러요. 이 책은 고려 시대의 승려 경한이 부처의 깨달음을 얻는 데 필요한 내용을 엮은 것으로, 원나라에서 나온 《불조직지심체요절》의 내용을 편집한 것이지요. 《직지심체요절》이 금속 활자 인쇄본이란 게 밝혀지면서, 우리나라가 세계 최초로 금속 활자를 발명했다는 사실이 만천하에 증명되었어요. 《직지심체요절》은 현재 유네스코 세계 문화유산으로 지정되어 있으며, 프랑스 국립 박물관에서 보관하고 있답니다.

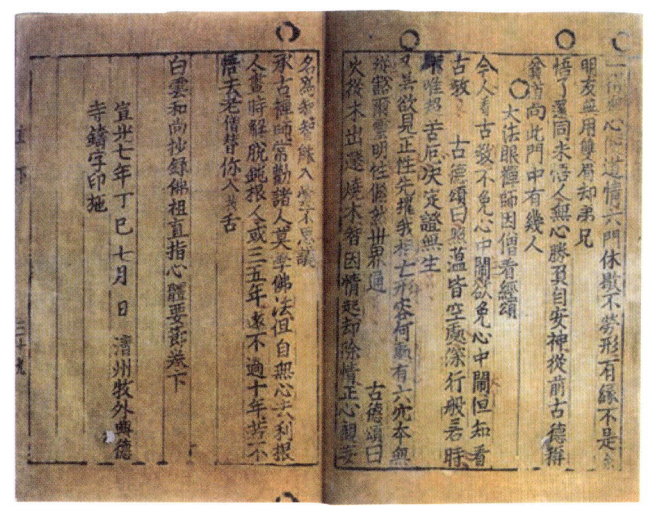

《직지심체요절》
우리나라에서는 프랑스로부터 《직지심체요절》을 돌려받기 위해 반환 운동을 벌이는 등 많은 노력을 기울이고 있어요.

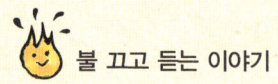 불 끄고 듣는 이야기

금속 활자에 대한 오래된 이야기

금속 활자는 어느 나라에서 처음 발명됐을까? 지금 우리는 그것이 우리나라란 걸 알고 있지. 하지만 확실한 답이 나오기 전까지 학자들은 참 많이도 논쟁을 벌였단다. 그만큼 이 문제는 각 나라의 자존심이 걸린 중요한 일이었어.

현재까지 남아 있는 가장 오래된 금속 활자본은 《직지심체요절》이고, 남아 있지는 않지만 최초의 금속 활자본이라고 기록되어 있는 책은 《고금상정예문》이란 것, 앞에서 잘 배웠지? 그런데 확실하지는 않지만 1170년에 출판된 《고문진보》라는 책이 금속 활자로 찍은 최초의 책이라는 이야기도 있어. 이 책은 중국의 뛰어난 시와 글을 모은 책인데, 고려 선비들이 문장 수업을 하는 교과서로 사용했어. 그러니 책이 엄청 많이 만들어졌겠지. 하지만 중국은 금속 활자를 전혀 사용할 줄 모를 때였는데, 그 많은 책이 어떻게 다 만들어진 걸까?

고려에서는 금속 활자가 발명된 뒤에도 한동안 목판을 계속 썼을 거야.

새로운 게 나왔다고 갑자기 모든 게 바뀌진 않으니 말이야. 그러니 금속 활자로 많은 책을 찍었다는 건, 그 이전부터 금속 활자가 쓰이고 있었다는 얘기지. 강화도에서 《고금상정예문》을 찍을 시점이면 이미 금속 활자가 널리 사용되고 있었을지도 몰라. 그렇다면 최초의 금속 활자 인쇄는 더 이전으로 거슬러 올라갈 수도 있겠지. 고려의 금속 활자 기술은 조선으로 이어졌어. 세종 때에는 여러 가지 모양의 금속 활자가 등장하며 인쇄 문화의 꽃이 피었지.

그런데 대체 금속 활자에 대한 기록이 왜 이렇게 불확실하냐고? 몽골의 침입으로 많은 책이 불타 없어진 탓도 있고, 조선으로 나라가 바뀐 뒤 고려 역사를 정리할 때 이런 내용이 잘 다루어지지 않은 탓도 있어. 당시 선비들은 시를 짓고 문장을 다듬는 데에만 정신을 쏟았지, 과학 기술에는 관심이 별로 없었거든. 아무튼 《고금상정예문》보다 앞선 금속 활자본이 없다고 해도 우리나라가 가장 먼저라는 점은 바뀌지 않아. 독일의 구텐베르크가 금속 활자를 발명한 게 1450년인데, 이때 조선은 이미 활판 인쇄술이 무르익고도 남았을 때였거든.

결론은, 현재까지 세계에서 가장 오래된 금속 활자본은 1377년 찍어 낸 《직지심체요절》이라는 거야. 《직지심체요절》이 인정받기 전까지는 구텐베르크가 세계 최초의 금속 활자 발명가로 알려져 있었지만 말이지.

일곱째 마당

인쇄술의 발달

공부하게 책 좀 주시오	96
인쇄를 전문으로 하는 주자소	98
활판 인쇄술로 역사서를 줄줄이	100
[불 끄고 듣는 이야기] 인쇄 기술자는 특별해	102

공부하게 책 좀 주시오

고려의 서울인 개경 골목에서는 글 읽는 소리를 흔히 들을 수 있었어요. 국자감과 같은 공공 교육 기관뿐 아니라 여느 백성들의 집에서도 《논어》와 《효경》 등 유교 경전 익히는 소리가 들렸지요.

이렇듯 유교 경전이 널리 읽힌 까닭은 과거 시험 때문이었어요. 과거에서 유교 경전에 관한 내용과 글쓰기를 시험 보기 때문에 벼슬을 하려는 선비들은 중국의 역사와 경전, 글쓰기를 익혀야 했지요. 지방에서도 벼슬아치의 자식이나 백성들에게 유학을 가르쳤어요. 효심이나 우애, 충성심 등 유교의 가르침에 충실한 사람은 중앙 관리로 추천되기도 했고요.

송나라의 사신 서긍은 고려 개경에서 몇 달을 지내고서 《고려도경》을 통해 고려의 풍속을 다음과 같이 기록했어요. '거리와 마을에도 서당이 두셋씩 건너다보였다. 백성들의 아들이나 장가들지 않은 청년들이 떼로 모여서 선생에게 글을 배운다. 조금 더 크면 짝을 지어 절간에 가서 글을 익힌다. 아래로 어린아이들도 마을 선생에게서 배운다. 아, 훌륭하구나.'

11세기에는 마을마다 서당 교육이 활발히 이루어졌어요. 사람들은 과거 시험보다는 교양을 쌓고, 예절을 익히기 위해 서당 교육을 받았어요. 이러한 전통은 조선 시대까지 그대로 이어져 내려왔지요.
　공부하는 풍토가 일자 자연스럽게 책이 많이 필요해졌어요. 당시에는 인쇄술이 상당한 수준으로 발달해 있었는데도, 평범한 백성이 책을 사기에는 너무 비쌌어요. 그래서 인쇄본보다 필사본이 더 많았는데, 너도나도 베끼다 보니 틀린 글자와 빠진 글자가 많았어요.

인쇄를 전문으로 하는 주자소

　1403년, 조선의 임금 태종은 자금을 마련해 주자소를 설치했어요. 주자소는 활자를 만들고 인쇄하여 책을 출판하는 기구였어요. 벼슬아치들은 주자소에서 책을 찍으면 무료로 받을 수 있었지요.

　주자소에서는 고려의 기술을 이어받아 동활자(구리 활자), 연활자(납 활자), 철활자를 만들어 냈어요. 1403년에는 처음으로 '계미자'라는 구리 활자가 만들어졌어요. 계미년에 만들어졌다 해서 계미자라 하지요. 이때에는 구리판 위에 밀랍을 붓고서 녹기 전에 활자를 박아 판을 만든 뒤 종이를 대고 찍어 냈어요. 하지만 밀랍이 금방 말라 터지거나 밀려났고, 계미자의 글씨체도 뾰족뾰족해서 활자가 쉽게 흔들거렸어요.

　1420년, 계미자의 단점을 보완한 '경자자'가 만들어졌어요. 경자자는 계미자에 비해 활자 모양이 네모반듯하고 가지런했어요. 또한 밀랍을 사용하던 방식을 고쳐서 더 나은 방법으로 구리판에 활자를 고정시키게 되었어요. 글자의 모양에 맞게 판을 만들고, 활자 사이사이에 못 쓰는 종이나 대나무 조각을 끼워서 활자를 고정시킨 것이지요. 이러한 방법을 이용해 활판을 안정시키면 더 많은 분량의 문서를 더 빨리 찍어 낼 수 있었어요. 이 무렵 납 활자가 만들어졌는데, 이 또한 우리나라가 세계 최초랍니다.

1434년에는 글자체가 깨끗하고 단정한 '갑인자'가 만들어졌고, 이후 '임진자', '정유자', '임인자', '생생자', '정리자' 등 다양한 활자가 만들어졌어요. 이러한 활자들은 한 번에 수십만 개씩 만들어졌지요.

주자소는 1857년 화재를 입은 적이 있어요. 화재를 수습한 뒤에 정리자와 '한구자'가 다시 만들어졌어요. 한구자는 한구라는 문인의 독특한 필체를 구리 활자로 주조한 것으로, 조선 중기의 문신 김석주가 개인적으로 제작해 가지고 있던 것을 국가에서 사들인 것이지요.

주자소에서 일하는 사람들은 저마다 전문적인 역할을 수행했어요. 자재를 고르고 공급하는 관리, 글자를 새기는 기술자, 활자를 만드는 기술자, 인쇄를 맡은 기술자, 제본을 맡은 기술자 등이 있었지요. 일하는 사람 수는 총 150명 정도였어요. 18세기에 활판 인쇄술을 세계로 퍼뜨린 유럽에서도 인쇄소 한 곳에서 일하던 사람 수가 고작 40여 명이었다고 하니, 주자소의 규모가 꽤 컸다는 걸 짐작할 수 있겠지요?

활판 인쇄술로 역사서를 줄줄이

1408년, 역성혁명을 일으켜 조선을 건국한 태조(이성계)가 사망했어요. 그러자 당시 왕으로 있던 태종은 하윤 등을 시켜 실록을 편찬하라고 명령했어요. 이것이 바로 조선 왕조 500년 동안 왕실에서 있었던 모든 일을 시시콜콜 기록한 《조선왕조실록》의 시작이었지요.

《조선왕조실록》은 전 세계적으로 유례를 찾아볼 수 없는 기록 문화유산이에요. 아마 경주의 석굴암이나 해인사의 《팔만대장경》, 고려청자에 견주어도 부족하지 않을, 우리 민족의 역사에서 첫손가락에 꼽히는 문화유산일 거예요. 《조선왕조실록》은 총 2,077권으로, 일부 필사본을 제외하면 모두 활판 인쇄를 통해 간행된, 대표적인 활자본이에요. 임금별로 실록이 구분되어 있으며, 1413년에 편찬된 《태조실록》에서 시작해 1865년에 편찬된 《철종실록》으로 끝이 나지요. 실록 편찬은 대개 그 왕이 죽고 나서 다음 왕이 즉위한 직후에 진행했어요. 춘추관 안에 임시로 실록청을 설치하여 그곳에서 담당하게 했지요.

이처럼 인쇄술의 발달로 인해 역사서의 편찬이 활발해졌어요. 하지만 실록은 일반 백성들이 볼 수도 없었고, 설령 본다고 해도 양이 너무 많아서 내용을 익히고 활용하기가 매우 벅찼지요. 그래서 세종 때에, 역대 왕의 정치적 업적에서 모범이 될 만한 일을 골라 책으로 엮어 내기로 계획을 세웠어요. 그리하여 1458년, 태조, 태종, 세종, 문종, 이렇게 4대의 보감이 완성되었지요. 이 보감은 그 뒤에도 계속 편집되어 역사 교과서로 활용되었는데, 고종 때에 완성된 이 보감을 통틀어서 《국조보감》이라고 해요.

　1458년, 세조의 명령으로 시작되어 1484년에 완성된 《동국통감》은 삼국에서 고려 말까지의 우리 역사를 담고 있고, 1425년에는 《경상도지리지》가 편찬되었어요. 《경상도지리지》가 나오자 잇따라 많은 지리지가 편찬되었습니다.

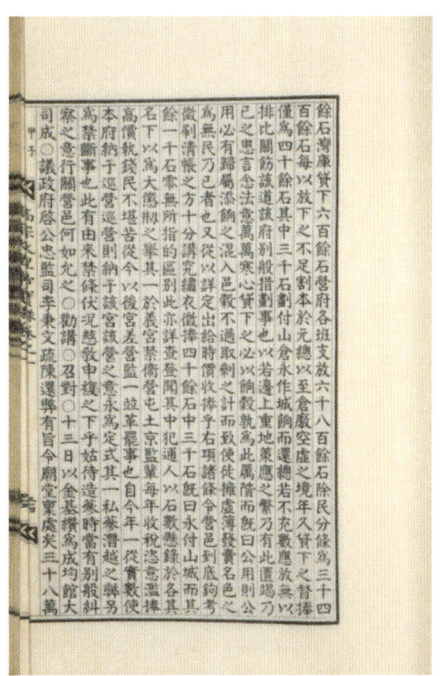

《조선왕조실록》의 일부
《조선왕조실록》은 조선 시대의 정치, 경제, 문화 등 다양한 사회 모습을 엿볼 수 있는 문헌으로, 1997년에 유네스코 세계 기록 유산으로 지정되었어요.

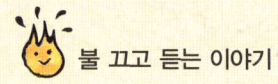 불 끄고 듣는 이야기

인쇄 기술자는 특별해

　세종은 주자소 기술자들에게 다달이 먹을거리를 대 주었어. 이것을 '월료'라고 불렀는데, 녹봉과는 별개로 주던 일종의 보너스였던 셈이지. 이것은 다른 장인에게는 주지 않는, 오로지 인쇄를 하는 주자소 기술자에게만 주는 특별 대우였어. 월료를 잘 받다 보니 이것에 익숙해져서 때로는 월료가 녹봉처럼 당연하게 여겨지기도 했어. 그러니 다른 장인들은 주자소 기술자들만 대우해 준다고 불평했지. 그래서 대우를 고르게 하기 위해 주자소 기술자들의 월료를 조정하려 한 적도 있단다.

　그 정도로 세종은 인쇄 기술자들을 특별히 잘 대해 주었다고 해. 세종 19년이던 1437년, 명나라 사람 김쇄가 만주 지방의 여진족에게 잡혀 있다가 서울로 도망쳐 온 일이 있었어. 그는 인쇄 기술자였지. 그러자 세종은 김쇄에게 기생을 첩으로 내려주는 등 특별 대우를 해 주었어. 그리고 그에게 이천과 장영실을 붙여서 명나라의 인쇄 기술을 익히게 했단다.

　장영실이란 이름을 들어 본 적 있지? 자격루와 측우기를 만든 바로 그

장영실 말이야.

　장영실은 기생의 아들로, 동래부의 관아에서 일하던 종이었어. 종이라고 하면 그저 심부름을 하는 낮은 계급의 사람이겠거니 생각되지만, 아마도 보통의 종은 아니고 물건을 만드는 장인이었을 거야. 그는 천문학과 과학에 남다른 재능이 있었는데, 그 소문이 아주 자자했나 봐. 태종이 그를 데려다가 궁중 기술자로 쓸 정도였으니 말이야. 얼마나 뛰어나기에 임금 귀에까지 이름이 들어갔을까. 세종은 장영실을 무척 아껴서, 천민 신분을 벗겨 주고 벼슬까지 내렸지.

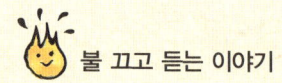
불 끄고 듣는 이야기

이천 또한 세종이 참 아낀 기술자야. 이천은 주자소에서 경자자와 갑인자를 만든 사람으로 무신 출신이야. 우리나라는 고려 시대부터 문신을 우대해 왔기 때문에 무신에 대한 대접이 그다지 좋지 않았는데, 무신이었던 이천이 참판 벼슬과 활자 개량 사업을 총지휘하는 권한까지 얻었다고 하니, 세종이 그의 재능을 얼마나 믿고 아꼈는지 잘 알겠지?

아무튼 두 사람은 김쇄의 비위를 맞추어 가며 활판 인쇄술을 익힌 뒤, 주자소에서 함께 갑인자를 만들었다고 해. 이 두 사람은 금속 활자 말고도 개발한 기술이나 발명품이 참 많단다.

세종은 이처럼 인쇄 기술자를 특별하게 대우했지만, 책을 찍어서 팔지는 못하게 했어. 책은 신성한 것이니 돈을 주고 사고팔게 해서는 안 된다는 이유였지. 지금으로서는 세종의 생각이 잘 이해가 되지 않을 수도 있을 거야. 오늘날에는 어마어마한 서점에서 수많은 사람들이 책을 사고파는 게 일상적인 일인데 말이지.

세종은 책을 사고팔지 못하게 막았다고 하지만, 백성들은 어차피 책값이 너무 비싸서 살 수도 없었어. 책을 갖고 싶어 하는 사람이야 많았지만, 얇은 책 한 권을 사려고 해도 쌀 몇 섬이 필요했거든. 그래서 평민들은 그저 책을 빌려다 붓으로 베껴 쓸 수밖에 없었지.

책을 찍어 내는 기구는 중앙에서 점차 지방으로 퍼져 나갔어. 팔도의

감영이나 고을의 관아에서 그러한 인쇄소들에 경비를 대서 책을 찍어 내게 했지. 이렇게 찍어 낸 책들은 무료로 배포되었는데, 오로지 벼슬아치나 선비만이 받을 수 있었단다.

105

여덟째 마당

전쟁을 딛고 일어선 조선의 인쇄술

때때로 책을 찍어 내다 ········· 108
전쟁 통에 잃어버린 아까운 활자들 ········· 110
[불 끄고 듣는 이야기] 민간인들이 소설책을 찍어 팔다 ········· 114

때때로 책을 찍어 내다

조선은 세계에서 그 유례를 찾아보기 힘들 정도로 활판 인쇄가 고도로 발전했어요. 인쇄는 대부분 중앙의 관아를 중심으로 이루어졌어요.

목판은 한 번 만들어 두면 두고두고 쓸 수 있기 때문에, 생활에 필요한 책은 목판으로 꾸준히 찍어 냈어요. 특수한 책은 대부분 활자를 만들어 때때로 찍어 냈지요.

세종 때 갑인자가 만들어지면서 우리나라의 활판 인쇄술은 급속도로 발달하기 시작했어요. 갑인자는 선조 때 다시 만들어지기까지 가장 오랫동안 사용되었는데, 그 때문에 현재 남아 있는 책 중에도 갑인자로 찍어 낸 책이 가장 많지요.

갑인자는 무척 아름다워서 조선 말기까지 꾸준히 사용되었어요. 깨지거나 닳은 활자를 보충하는 보주 작업과, 전체를 새로 만드는 개주 작업을 계속해 나갔지요. 처음 만든 갑인자를 초주 갑인자, 나중에 다시 만들어 낸 갑인자를 재주 갑인자라고 불러요. 초주 갑인자와 재주 갑인자로 찍어 낸 책은 글자 모양이 거의 똑같아서, 글자 획에 나타나는 미세한 힘이나 특정 글자에 나타나는 작은 차이로 겨우 구별할 수 있을 정도이지요.

16세기에 접어들 무렵에는 구리 활자 중 닳거나 없어진 글자를 나무 활자로 보충하는 경우가 많았어요. 심하게 닳아서 쓸 수 없는 활자가 많아지자, 명나라의 《자치통감》에서 글자 모양이 가늘고 크기가 적당한 것을 본으로 삼아 활자를 새로 주조한 것이지요. 이를 '병자자'라고 불러요.

중종 14년에 기록된 《중종실록》에 이런 내용이 있어요. 지방 향교에 책이 너무 없으니 책을 찍어 낼 활자를 주조하고, 찍어 낸 책을 판매하는 서사를 설치해야 한다는 상소가 올라왔다는 거예요. 이에 따라 당시 도교의 제사를 맡아 보던 소격서나 지방의 절에서 놋그릇을 가져다가 활자를 만들어 냈다고 해요. 이때 사용된 글자를 '기묘자'라고 해요.

기묘자는 병자자와 매우 비슷하게 생겼어요. 그래서 어떤 이들은 기묘자가 병자자를 보완해서 만든 보주 활자라고 주장하기도 해요. 하지만 자세히 보면 기묘자의 글자 획이 훨씬 가늘어서 전혀 다른 글자체라는 걸 알 수 있지요.

전쟁 통에 잃어버린 아까운 활자들

임진왜란을 겪으며 조선의 활자와 인쇄 시설, 인쇄본들은 대부분 파괴되고, 불타고, 약탈당했어요. 오랜 전쟁 탓에 백성들은 하루하루를 버티는 것조차 힘든 상황이었고, 잃어버린 활자를 새로 만들어 책을 찍어 낸다는 것은 거의 불가능한 일이었지요. 하지만 어떻게든 없어진 책을 새로 만들어야 했어요. 그래서 흩어져 있는 옛 활자를 그러모으고, 목활자로 없는 활자를 대신했지만 이내 그것조차 힘겨워졌지요.

1599년, 훈련도감에서 자체적으로 목활자를 만들었어요. 이를 '훈련도감자'라고 하는데, 훈련도감에서는 이 활자로 책을 찍어 내어 팔아서 군대의 경비를 마련했지요. 이후 50여 년 동안 수많은 책이 훈련도감자로 찍혀 나왔어요.

그 뒤로 제대로 된 활자가 주조된 것은 광해군 때인 1618년이에요.

갑인자를 다시 만든 것을 '무오자' 혹은 세 번째로 만든 갑인자라 하여 '삼주 갑인자'라고 불러요. 이 활자는 별로 사용되지 못하다가 1624년, 이괄의 난이 일어났을 때 없어진 것으로 보여요.

17세기 인조 때에는 훈련도감에서 인쇄 경험을 쌓은 장인들이 교서관으로 옮겨와 책을 찍어 내기 시작했어요. 이때 만들어진 책은 '교서관 목활자'로 찍혔어요. 교서관 목활자는 15세기에 만들어진 한글 금속 활자인 '을해자'를 본떠서 나무로 만든 활자이지요.

이 땅을 휩쓸고 지나간 오랜 전쟁은 빼어난 수준을 자랑하던 조선의 인쇄술을 한 걸음 되돌리고 말았어요. 하지만 우리 민족은 전쟁 이전의 활판 인쇄술을 되살리고자 온갖 노력을 다했어요. 그리하여 1668년, 비로소 교서관에서 제대로 된 활자가 만들어졌어요. 바로 무신자이지요. 무신자 활자가 활발히 사용되면서 조선의 인쇄술은 다시금 옛날의 빼어난 수준을 되찾았어요.

1677년에는 《현종실록》을 찍어내기 위해 전용 동활자를 만들었어요. 이 글자는 민간에서 가져온 '낙동계자' 3만여 개에 새로 만든 4만여 자를 보탠 것으로, '현종실록자'라고 불리지요.

교서관에서는 명나라의 명조체를 바탕으로 한 인서체로 철활자를 만들었어요. 이를 '교서관인서체자'라고 하지요. 철활자는 주조가 무척 까다로웠기 때문에 글자의 획이 좀 굵고 거칠었어요. 18세기 무렵에는 여러 가지 목활자로 책을 찍어 냈는데, 1792년경에는 특이하게 도자기로 만든 활자도 사용되었어요.

그 뒤 조선 후기 문화의 부흥기였던 영조와 정조 시대를 거치면서 다양하고 고급스러운 활자가 쏟아져 나오기 시작했어요. 1795년에는 32만 개의 목활자인 '생생자'를 바탕으로 동활자를 만들었고, 이를 '정리자' 또는 '을해자'라 칭했어요. 이 활자는 크고 작은 활자를 합쳐 모두 30만 자나 되는 엄청난 규모였지요.

1857년에는 주자소에 불이 나서 정유자와 초주 정리자, 재주 한구자 등이 불타 버렸어요. 다음 해에 정리자와 한구자를 다시 만들었는데, 조선 관아에서 만든 마지막 활자인 이 활자들은 국립중앙박물관에서 볼 수 있답니다.

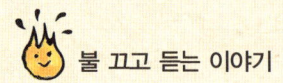 불 끄고 듣는 이야기

민간인들이 소설책을 찍어 팔다

　17세기 말에는 민중 문학이 등장하기 시작했어요. 임진왜란과 병자호란을 치르며 숱한 아픔을 겪은 민중들 사이에서 영웅 소설이 인기를 끌기 시작한 것이지요. 이때 많이 읽힌 영웅 소설로는 《임경업전》이나 《조웅전》 등이 있어요. 뒤이어 《춘향전》과 《흥보전》, 《심청전》, 《홍길동전》과 같은 언문 형태의 소설도 엄청난 속도로 퍼져 나갔어요.

　백성들은 주로 필사본을 통해 이러한 소설들을 읽었어요. 필사 과정에서 소설 내용이 조금씩 바뀌기도 했어요. 베껴 쓰던 사람들이 이야기를 슬쩍 덧붙이기도 하고, 더 재미있게 바꿔 놓기도 했지요. 그래서 같은 작품이라도 줄거리가 조금씩 다르게 퍼져 나갔어요.

　많은 독자들이 책을 찾기 시작하자 드디어 민간에서 책을 찍어 팔기 시작했어요. 임진왜란 조금 전인 1576년에 《고사찰요》란 책이 간행되었는데, 이 책의 간기를 보면 민간에서 책을 찍어 냈다는 걸 알 수 있어요. 간기는 출판한 때와 장소, 출판한 사람, 활자의 종류 등 그 책에 관한 사항을 표시한 부분인데, 여기에 재미난 글귀가 찍혀 있어요.

> 수표교 아래 북쪽 변두리 두 번째 이문 하한수 집에서
> 판본을 새겼으니 사 갈 사람은 찾아오라.

수표교 아래 북쪽 변두리라면 아마도 지금의 탑골 공원이 있는 종각 부근일 거예요. 이 문구를 통해 이 책은 최초로 민간에서 나온 책이며, 또한 최초로 광고를 한 책이라는 걸 알 수 있답니다.

임진왜란을 겪고 난 바로 뒤에는 책을 팔 수 없었어요. 좀 더 세월이 흐르고 돈이 널리 쓰이게 되면서부터 민간에서도 책을 찍어 팔 수 있게 된 것이지요.

1664년에는 《명심보감》, 1774년에는 《동몽선습》 등 교과서 종류를 비롯해 여러 종류의 책들이 연달아 간행되었어요. 이처럼 팔기 위해 만들어진 책을 방각본 또는 방간본이라고 불렀어요. 이것은 민간에서 찍어 낸 책이란 말이에요.

방각본을 가장 활발하게 찍어 낸 지역은 서울과 전주예요. 당시 서울판을 경판, 전주판을 완판이라고 불렀지요. 이렇게 찍어 낸 방각본으로 인해 소설책이 널리 읽히고 소설 문학도 발전해 나갔답니다.

아홉째 마당

까다로운 활판 인쇄

밀랍으로 판을 짜는 방법 ·········· 118
한층 발전된 짜 맞추기 방법 ·········· 121
인쇄는 결코 만만하지 않아 ·········· 123

[불 끄고 듣는 이야기] 목활자본과 금속 활자본의 차이 ·········· 126

밀랍으로 판을 짜는 방법

목판 인쇄는 사실 그다지 까다로울 게 없었어요. 탁본하듯이 찍어 내면 되었거든요. 하지만 활판 인쇄는 무척 까다로웠어요.

활자는 글자가 하나씩 따로 떨어져 있는 작은 조각들이에요. 수십만 자

나 되는 글자를 여러 개씩 활자로 만들어 보관해야 했으니, 그것들을 보관하고 정리하는 일만 해도 매우 어려웠지요. 무게도 많이 나갔고요.

인쇄를 하려면 일단 찍을 판의 글자를 모두 준비해야 해요. 찍을 글자를 부르는 사람인 '창준'이 글자를 부르면 '수장'이 활자를 찾아다가 활판을 짜기 시작하지요. 근대에는 수장을 문선공이라고도 불렀어요.

판을 짜는 방법은 붙이기와 짜 맞추기, 두 가지가 있어요. 초기에는 활자의 크기와 모양이 일정하지 않아서 밀랍을 이용해 판에 활자를 붙여서 인쇄하는 붙이기를 많이 썼어요. 붙이기의 방법은 다음과 같아요.

먼저 테두리가 있는 활판에 행을 나누는 가름쇠를 붙인 뒤 밀랍을 깔아요. 그리고 글자 순서에 따라 활자를 나란히 늘어놓아요. 글자를 다 늘어놓았으면 활판을 불로 데워서 밀랍을 말랑말랑하게 녹여요. 그런 뒤, 위에서 평평한 철판으로 고르게 눌러 주어요. 그러면 활자들의 높이가 똑같아지면서 활판의 윗면이 평평해져요. 이것을 조심스럽게 식히면 인쇄판이 완성된답니다.

붙이기로 만든 인쇄판은 몇 장 찍어 내고 나면 금세 밀랍이 녹고 활자가 움직여서 많은 양을 찍기가 힘들었어요. 그래서 활자의 뒷면이 움푹 들어가도록 만들어서 밀랍이 꽉 들어차게 하기도 했고, 반대로 뒷면을 송곳처럼 뾰족하게 만들어서 밀랍에 쑥 박히도록 하기도 했어요. 고려 무덤에서 발견된 *복자를 보면 뒷면이 둥그렇게 들어가 있는 걸 볼 수 있는데, 이처럼 구리를 절약하기 위해 뒷면을 둥글게 파는 경우도 있었어요.

　짜 맞추기 방법이 널리 쓰이던 조선 후기에도 붙이기 방법은 여전히 사용되었어요. 이때에는 밀랍 대신 반건성유와 불건성유를 섞어서 사용했어요. 반건성유는 공기 중에 놔두면 찐득찐득해지는 성질을 띠는 기름으로, 대표적으로는 참기름과 들기름이 있어요. 불건성유는 피마자유 같은 전혀 굳지 않는 성질을 띠는 기름이지요. 이 두 가지 성질의 기름을 섞어서 쓰면 열을 가하지 않고도 판에 활자를 단단히 붙일 수 있었답니다.

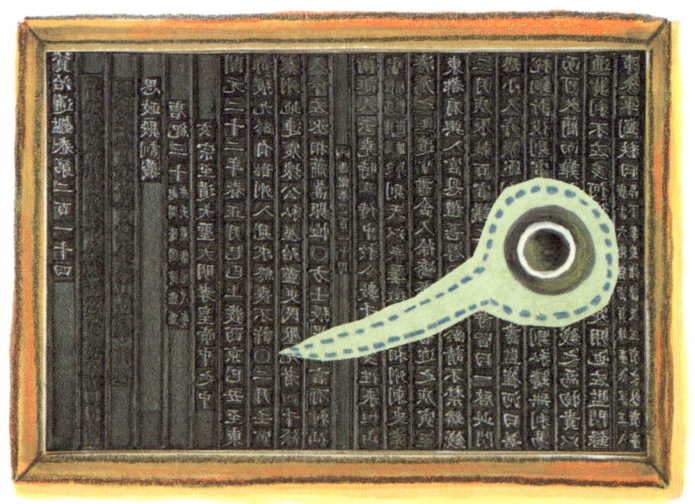

*복자
활자가 없거나 인쇄할 수 없는 글자가 있을 경우, 그 글자가 있던 자리를 표시하기 위해 쓰는, 글자가 아닌 활자. 복자가 쓰이기 전에는 다른 적당한 활자를 가져다 뒤집어서 찍기도 함.

한층 발전된 짜 맞추기 방법

재주 갑인자를 만들던 조선 후기에는 밀랍을 사용하는 붙이기 방법보다 발전된, 짜 맞추기 방법이 많이 사용됐어요. 이때에는 활자 면의 크기가 일정하고 평평했고, 활판도 이전보다 더욱 튼튼했지요.

짜 맞추기를 하는 방법은 다음과 같아요. 먼저 활판 위에 금속 테두리를 얹고, 가운데에 가름쇠 두 줄을 세로로 나란히 놓아요. 두 가름쇠 사이에는 접지표나 지느러미 장식을 끼워서 책이 접히는 부분임을 표시해요. 그리고 장이 시작되는 부분부터 한 줄씩 활자를 정렬하지요. 한 줄이 완성되면 가름쇠를 놓고 두 번째 줄을 정렬해 나가요.

이 과정을 반복하여 한 장의 판이 완성되면 고름대로 평평하게 두들겨서 활자들의 높낮이를 맞춰요. 활자들의 높이가 고르지 않을 경우 다른 물건으로 빈 공간을 메워서 활자들이 움직이지 않게 해야 했는데, 주로 못 쓰는 종이나 대나무를 이용했지요.

짜 맞추기로 판을 짤 때 가장 어려운 일이 바로 이 빈 공간을 메우는 작업이었어요. 이 일을 전문적으로 하는 사람을 균자장이라고 해요. 균자장은 활자와 활자 사이에 빈 공간을 없애고 비뚤어진 활자를 바로잡아서, 인쇄할 때 활판이 고루 찍히게끔 했어요. 균자장은 인쇄에 있어 가장 중요한 기술을 가진 장인이었답니다.

인쇄는 결코 만만하지 않아

요즘에도 그렇지만 옛날에도 책을 찍어 낼 때는 무척 조심스럽게 일을 했어요. 판을 짜고 먹물을 발라 종이에 찍어 내는 일이 뭐 그리 어렵냐고요? 인쇄는 절대로 만만한 일이 아니랍니다. 인쇄할 때 활자가 흔들리지 않도록 판을 빈틈없이 짜야 하고, 한 글자도 빠지지 않도록 먹을 고르게 칠해야 해요. 또한 종이에 찍어 낼 때에도 글자가 선명하게 찍히도록 온갖 신경을 다 써야 하지요. 글자의 위치가 잘못되었다거나 종이가 얼룩덜룩하게 찍혀 나왔다면 그건 책으로서 가치가 없을 거예요.

균자장이 활판을 다 짜면 작업이 인출장에게 넘어왔어요. 인출장은 활판에 먹물을 칠하고 종이에 찍어 내는 일을 했지요. 활판이 넘어오면 인출장은 활자 면에 먹솔로 고르게 먹물을 칠했어요. 철활자의 경우에는 쇠붙이에 잘 묻는 기름먹을 바르고, 목활자에는 물에 먹을 갈아 만든 물먹을 발랐지요.

활판에 먹물을 칠한 뒤에는 종이를 올려놓고, 말총이나 털 뭉치에 밀랍과 같은 미끄러운 물질을 묻혀서 종이 윗면을 골고루 문질렀어요. 부드럽고 꼼꼼하게 잘 문질러야 글자가 선명하게 찍혀 나왔지요. 철활자의 경우는 이 과정이 특히 까다로웠는데, 종이를 물에 약간 축였다가 말린 뒤 두 사람이 양끝을 빳빳하게 잡아당겨서 활판 위에 붙였어요.

이렇게 해서 초벌로 한 장을 찍어 내면 교정보는 사람이 틀린 글자나 빠진 글자, 비뚤어진 글자, 희미한 글자 등 인쇄 상태가 좋지 않은 부분을 찾아내 붉은색으로 표시했어요. 그러면 균자장과 인출장이 와서 이를 확인하고 서명했지요.

교서관에서는 이러한 책의 교정과 간행 과정을 감독했어요. 교서관은 경서의 인쇄와 교정 등을 맡아 하던 관아로, 그러한 일을 하는 교서관원을 '감인관'이라 불렀어요.

교정에 대한 최종 책임은 별도로 임명된 교정 책임자인 감교관에게 있었어요. 감교관은 문신 학자들 중에서 정해지는데, 그가 책머리에 '교정' 도장을 찍어 줘야만 그것이 책으로 만들어져 세상에 나올 수 있었답니다.

조선 시대의 헌법이라 할 수 있는 《경국대전》을 보면 활판 인쇄에 필요한 인원수가 정해져 있어요. 그 뒤에 나온 《대전후속록》에는 좀 무서운 내용이 실려 있어요. 창준, 수장, 균자장, 인출장, 감인관 등 담당자들은 틀리거나 인쇄가 불량한 글자가 하나 나올 때마다 벌로 매를 30대 맞고, 근무한 날 중 50일치의 봉급을 깎였다고 해요. 틀린 글자가 많이 나올수록 더 높은 처벌을 받았지요.

 감교관도 마찬가지였어요. 틀린 글자가 다섯 자 이상이 나오면 벼슬자리에서 쫓겨났어요. 그래서인지 관아에서 찍어 낸 책들은 틀린 부분이 거의 없고 매우 정교해요. 조선 시대에 책이 얼마나 엄격하게 만들어졌는지 잘 알겠지요?

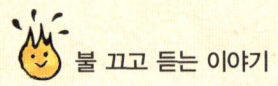 불 끄고 듣는 이야기

목활자본과 금속 활자본의 차이

　목활자로 찍은 글자와 금속 활자로 찍은 글자를 구별하기란 꽤나 힘들어. 보통 사람은 더욱 알아보기 어렵지. 특히 금속 활자를 만들 때 어미자로 삼는 목활자와 구별하기는 더욱 힘들 거야. 어미자는 금속 활자의 본보기로 사용하는 목활자이다 보니, 나중에 만들어진 금속 활자와 모양이 똑같겠지?

　하지만 전문가들은 이 두 종류의 활자본을 금세 구별해 내. 도대체 어떻게 구별하는 걸까? 그 비밀은 바로 나뭇결에 있어. 목활자로 찍은 글자에서는 나뭇결을 볼 수 있는데, 이는 나무에 나이테가 있기 때문이야. 나무는 깎고 새겨도 나이테 무늬가 나타나기 마련이거든.

　반면 금속 활자는 흙 속에 쇳물을 부어 만들기 때문에 처음 찍을 때 흙 자국이 나타날 때가 많아. 또, 어미자를 만들 때 거푸집에서 잘 빠지라고 밀초(밀랍으로 만든 초)를 칠하는 경우가 있는데, 이것이 나중에 금속 활자에 묻으면 인쇄된 글자에서 밀초 자국이 나타나기도 하지.

또 금속 활자는 몇 번 사용하다 보면 활자의 표면이 점점 닳아서 먹이 덜 묻는 부분이 생겨. 그러면 인쇄했을 때 글자가 약간 얼룩져 보인단다. 활판 인쇄본 글자에 얼룩이 있다면 그것은 아마도 금속 활자로 찍은 책일 거야.

다른 구별법도 있어. 먹의 성분에 따라 구별하는 방법이지. 보통 목활자에는 물먹을 쓰고, 금속 활자에는 기름먹을 써. 금속 활자에 물먹을 쓰면 먹이 번져서 글자가 흐려지고, 반대로 목활자에 기름먹을 쓰면 먹빛이 칙칙해지거나 표면이 닳은 금속 활자로 찍은 것처럼 얼룩이 질 수 있지. 요즘에도 판화를 만들 때, 철판으로 만든 판화와 나무판으로 만든 판화는 서로 다른 물감을 쓰지. 그러니 책에 찍힌 먹의 성분을 분석해서 물먹이 쓰였다면 목활자본, 기름먹이 쓰였다면 금속 활자본으로 구별할 수도 있을 거야.

원작 이이화

1937년 대구에서 주역의 대가이신 야산(也山) 이달(李達)의 넷째 아들로 태어났습니다.
어릴 때부터 한문학자이신 아버지에게서 한문 수업을 호되게 받았습니다.
하지만 학교에 보내 주지 않아 소년 시절 몰래 가출을 해서 고학을 하였습니다. 한때 문학에 열중하기도 했으나
청년이 되어 우리나라 역사 공부에 열중한 이후 지금껏 평생 우리나라 역사에 매달리고 있습니다.
우리나라가 어떻게 발전해 왔는지, 어떻게 고난을 겪었는지를 쉽게 들려주는 역사책을 주로 써 왔습니다.
그 결과 《한국사 이야기》 22권과 《만화 한국사》 9권 등을 펴냈습니다.
또 《찬란했던 700년 역사, 고구려》 《허균의 생각》 《동학농민운동》 등 청소년의 읽을거리 책도 지었습니다.

글 김진섭

경북 영천에서 태어나 중앙대학교 문예창작학과를 졸업했습니다.
10여 년 동안 신문과 잡지 기자로 일했으며 지금은 어린이책 작가로 활동하고 있습니다.
그동안 쓴 책으로는 동화 《화랑의 전설》 《전우치전》 《홍길동전》 《어린이를 위한 몰입 수업》 《내 마음 들키고 싶지 않아》
《게임중독탈출학교》, 그림책 《화성은 어떻게 지어졌을까?》 《똥배 아이들 모여라》 《깐깐한 선비 이율곡》 《아이나라 그림책》, 엮은
책으로 《한권으로 읽는 인도사》 《이상한 나라의 앨리스》 《경제상식》 등이 있습니다.

그림 강희준

대학에서 일러스트레이션을 공부했습니다.
그린 책으로는 《빨주노초파남보똥》 《환경 용사 지구를 살려라》 《구방아 목욕가자》 《난 한글에 홀딱 반했어》 등이 있습니다.

목록 선정 역사사랑

'역사사랑'은 전국역사교사모임 내의 연구모임으로, 1998년 고려대학교 역사교육과 출신
중·고등학교 현직 교사 6명에 의해 시작되어 현재 14명의 회원이 활동 중입니다.
학생들의 사고력과 창의력을 높이기 위한 다양한 수업 모델과 평가 방법을 연구하고 있으며,
연구 활동의 결과물들을 실제 수업에 적용하여 검증·보완하면서
보다 유익한 역사 시간을 만들기 위해 노력하고 있습니다.
《이이화 역사 할아버지가 들려주는 이야기》 시리즈의 목록을 선정하는 데에 도움을 주었습니다.